아름다운 이야기로 만나는
별자리 이야기

아름다운 이야기로 만나는
별자리 이야기

발행일 · 2011년 7월 8일 개정판 1쇄
　　　　2014년 7월 8일 개정판 2쇄

엮은이 · 아동교육문화연구회
펴낸이 · 유원상
펴낸곳 · 상서각 출판사
출판등록 · 2002. 8. 22 (제8-377호)
주소 · 서울시 은평구 불광동 268-5번지 201호
전화 · (02) 356-5353
팩스 · (02) 356-8828
이메일 · sang53535@hanmail.net
홈페이지 · www.ssbook.kr

ISBN 978-89-7431-445-3　73440

• 잘못된 책은 바꾸어 드립니다.

아름다운 이야기로 만나는 별자리 이야기

아동교육문화연구회 엮음

머리말

별자리들의 이름은 왜 안드로메다이며 물병자리일까?
아름다운 것을 보면 상상하기를 좋아하는 사람들에게
밤하늘의 별은 무한한 상상의 무대가 되어 줍니다.
옛날 사람들에게 별은
죽은 사람의 영혼을 의미했으며,
별의 움직임은 인간의 미래를 예견한다고 믿었습니다.
그리하여 세상을 떠난 사람의 영혼을 위로하고
세상에 남아 있는 사람들의 미래를 축복하기 위해
별자리에 아름다운 이야기를 만들어 냈습니다.

별 하나하나마다 전해져 오는
아름다운 사랑의 이야기를 읽다 보면,
어느새 우주 공간의 수많은 별들이
우리들과 무척 가까워져 있다는 것 알게 될 것입니다.

어느 맑은 날,
밤하늘의 별을 바라보며
나만의 별자리를 한번 만들어 보세요.
아주 슬프고 아름다운 사랑의 이야기와 함께…….

차 례

봄의 별자리
큰곰자리와 작은곰자리 · · · · · · · · · · · · · · · · · 14
사자자리 · 24
바다뱀자리 · 34
머리털자리 · 42
처녀자리 · 50
왕관자리 · 62

여름의 별자리
백조자리 · 72
전갈자리 · 78
헤라클레스자리 · 82
독수리자리 · 90
거문고자리 · 96
천칭자리 · 108

가을의 별자리

페가수스자리 ·················· 116
안드로메다자리 ················ 130
페르세우스자리 ················ 142
물병자리 ······················ 156
양자리 ······················· 164

 겨울의 별자리

황소자리 ······················ 176
오리온자리 ···················· 186
쌍둥이자리 ···················· 196

봄의 별자리

큰곰자리와 작은곰자리
사자자리
바다뱀자리
머리털자리
처녀자리
왕관자리

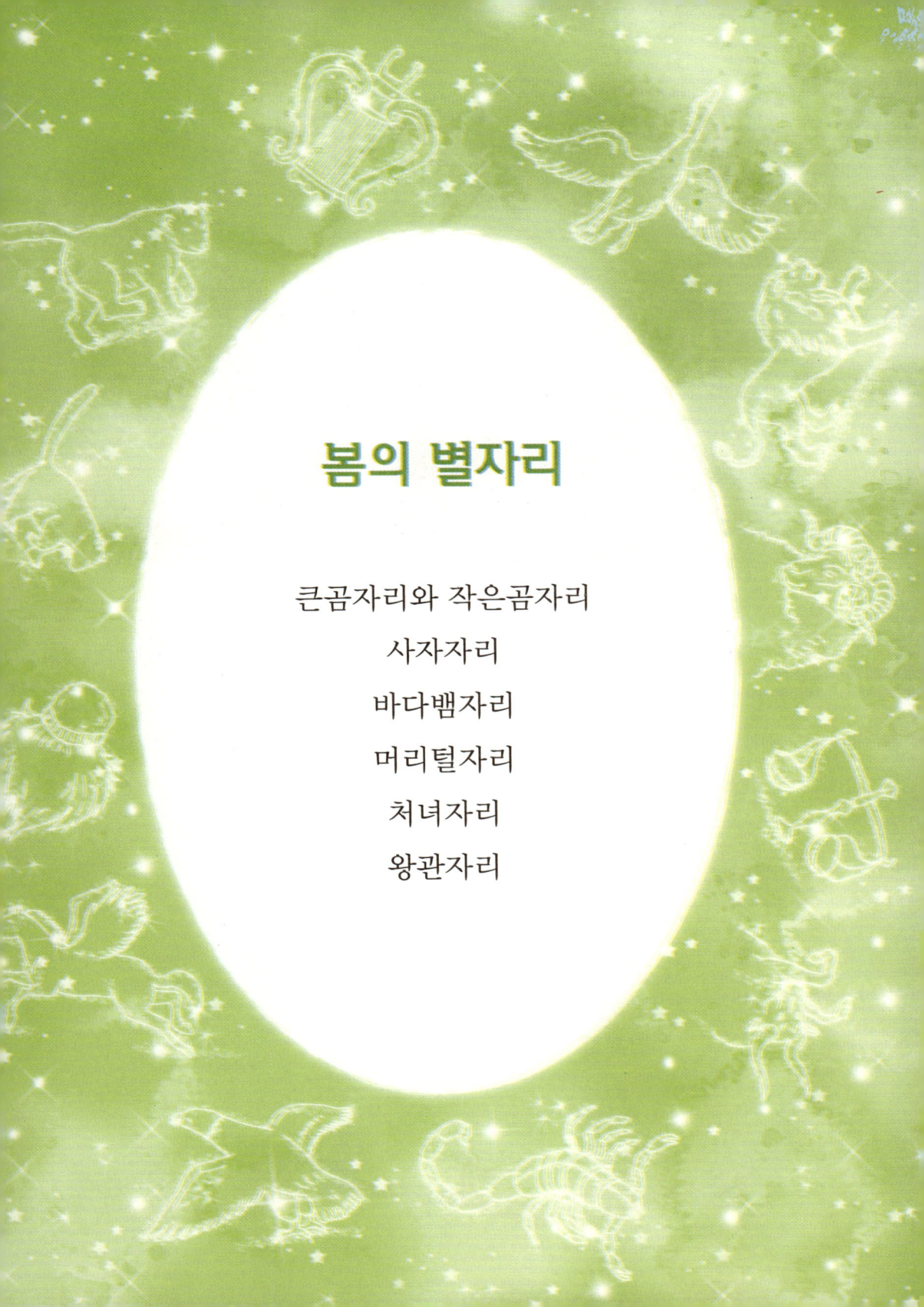

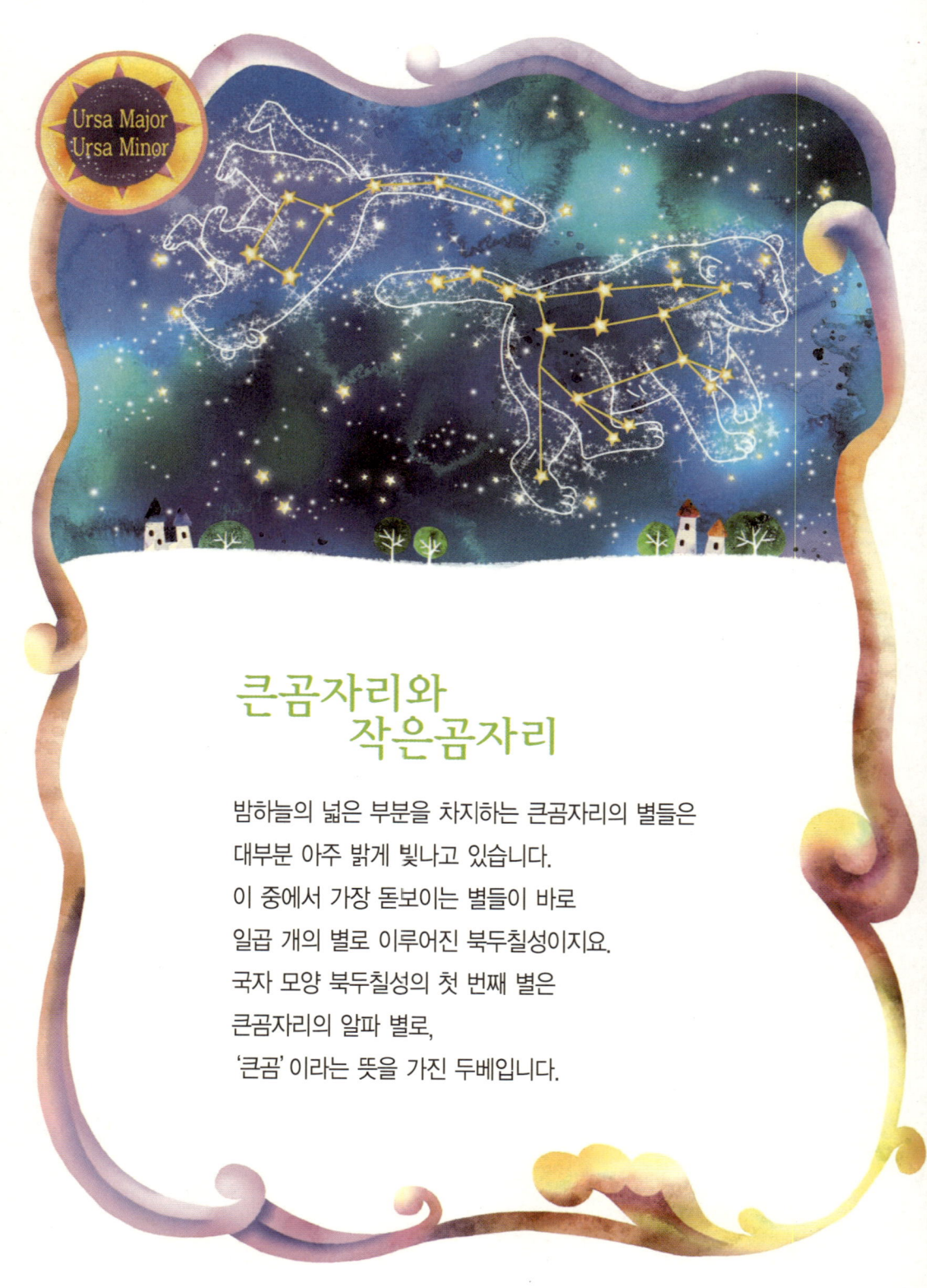

큰곰자리와 작은곰자리

밤하늘의 넓은 부분을 차지하는 큰곰자리의 별들은
대부분 아주 밝게 빛나고 있습니다.
이 중에서 가장 돋보이는 별들이 바로
일곱 개의 별로 이루어진 북두칠성이지요.
국자 모양 북두칠성의 첫 번째 별은
큰곰자리의 알파 별로,
'큰곰' 이라는 뜻을 가진 두베입니다.

곰이 된 어머니와 아들

"아르테미스 님, 저는 절대로 남자를 사랑하지 않고 평생 여신님만을 모시며 살겠어요."

아르카디아에 사는 아름다운 처녀 칼리스토는 이렇게 맹세했습니다.

뛰어난 사냥꾼인 칼리스토는 달과 사냥의 여신인 아르테미스를 열렬히 숭배하였습니다.

"내가 사랑하는 사람은 아르테미스 님밖에 없어."

그녀는 샘물가에서 종종 친구들을 만날 때에도 이렇게 말하고는 했습니다. 그런데 한 번이라도 칼리스토를 본 남자들은 모두들 아름다운 그녀의 모습에 반해 접근하였습니다.

그러나 그녀는 과감하게 남자들의 유혹을 뿌리치고 짐승들을 쫓아 산과 들을 뛰어다녔습니다.

그러던 어느 날이었습니다.

그날도 어김없이 사냥을 마치고 돌아온 칼리스토는 시원한 바람이 부는 나무 그늘 아래 누워 달콤한 잠에 빠져 있었습니다.

그때 신들의 왕인 제우스가 우연히 그곳을 지나다가 칼리스토의 아름다운 모습을 보게 되었습니다.

제우스는 발갛게 상기된 얼굴에 긴 머리카락을 바람에 날리며 잠들어 있는 칼리스토의 아름다운 모습에 반해 한참 동안 넋을 잃고 그녀를 바라보았습니다.

잠시 후 눈을 뜬 칼리스토는 눈앞에 있는 낯선 남자를 보고 깜짝 놀라 몸을 움츠리며 경계하였습니다.

"놀라지 마시오. 나는 인간이 아니니 당신을 해치지 않을 거요."

칼리스토는 그제야 마음이 놓이는 듯 상대방을 똑바로 쳐다보았습니다.

"나는 당신을 보자마자 한눈에 반해 버렸소. 부디 거절하지 말고 내 사랑을 받아 주시오."

제우스는 간절한 눈빛으로 칼리스토를 바라보며 말했습니다.

하지만 그녀는 아르테미스에게 했던 자신의 맹세를 저버릴 수가 없었습니다.

"저는 이미 아르테미스 님에게 모든 것을 바치기로 맹세했습니다. 그러니 제발 돌아가 주세요."

그러나 제우스는 칼리스토의 말에 아랑곳하지 않고 끈질기게 그녀를 설득하고 달래었습니다.

결국 칼리스토는 제우스의 사랑을 받아들일 수밖에 없었으며, 이 사실은 금방 소문으로 퍼져 그녀의 친구들까지 모두 알게 되었습니다.

칼리스토는 외톨이가 되었습니다. 슬픔과 외로움에 빠진 그녀는 친구들을 피해 깊은 숲 속으로 들어갔습니다.

얼마 후 칼리스토는 제우스와의 사랑의 결실인 사내아이를 낳았습니다. 그리고 아기의 이름을 '아르카스' 라고 지어 주었습니다.

그런데 제우스의 부인인 헤라 여신이 이 사실을 모를 리가 없었습니다.

질투심이 강한 헤라 여신은 펄펄 뛰며 칼리스토와 아르카스를 찾아다녔습니다.

마침내 숲 속에서 아르카스를 품에 안은 칼리스토를 발견한 헤라의 눈은 참을 수 없는 분노르 가득 찼습니다.

"인간인 주제에 감히 신의 자식을 낳다니. 너는 그 죄의 대가를 톡톡히 치러야 할 것이다."

칼리스토는 무릎을 꿇고 용서를 빌었지만, 이미 헤라의 저주는 온몸으로 퍼져 나갔습니다.

"아, 안 돼!"

칼리스토의 아름다운 몸은 순식간에 희고 뻣뻣한 털로 뒤덮였습니다.

그뿐만 아니라 땅을 짚은 손에서는 날카로운 손톱이 생겨났고 입은 짐승처럼 앞으로 튀어나왔으며, 애처롭게 용서를 비는 아름다운 칼리스토의 목소리 대신 숲 속에는 곰의 울부짖음만이 메아리쳤습니다.

눈앞에서 칼리스토가 곰의 모습으로 변하는 광경을 지켜보던 헤라는 회심의 미소를 지으며 신들의 세계로 돌아갔습니다.

헤라가 사라지자 칼리토스는 아르카스 곁으로 다가갔습니다.

곰으로 변한 칼리스토는 더이상 사랑하는 아들을 돌볼 수 없다는 슬픔에 눈물을 흘렸습니다.

그리고 몇 날 며칠 아기 주위를 떠나지 않고 지켜주었습니다.

그러던 어느 날, 한 농부가 숲을 지나다가 아르카스를 발견했습니다.

"원, 이런 곳에 아기가 다 있다니."

농부는 아르카스를 조심스럽게 품에 안고 숲을 떠났습니다.

수풀 속에 숨어서 이 모습을 지켜보던 칼리스토는 사랑하는 아들을 떠나 보낸 슬픔에 눈물을 흘리며 사람들의 발길이 닿지 않는 깊은 숲 속으로 숨어 버렸습니다.

그 후 세월이 흘러 늠름한 청년으로 자란 아르카스는 사냥감을 쫓아 날쌘 동작으로 숲 속을 뛰어다녔습니다.

어머니의 재능을 이어받아서인지 그는 뛰어난 사냥 솜씨를 지니고 있었습니다.

그날도 다른 날과 마찬가지로 사냥을 하고 있는데 어두컴컴한 숲 속에서 무언가 움직이는 기척이 들렸습니다. 잔뜩 긴장한 아르카스는 창을 더욱 단단히 잡았습니다.

잠시 후 아르카스의 눈앞에 나타난 것은 늙은 곰 한 마리였습니다.

그런데 그 곰은 아르카스를 보고 달아나기는커녕 눈물을 흘리며 점점 앞으로 다가오는 것이었습니다. 그 모습은 마치 아르카스를 품에 안으려는 듯했습니다.

그 곰은 바로 칼리스토였습니다.

오랜 세월이 지났는데도 한눈에 아들을 알아본 칼리스토는 너무나 반가운 나머지 아르카스에게 가까이 다가서며 소리쳤습니다.

"애야, 나다. 어미다. 어서 이리 와 보렴."

그러나 아르카스는 갑작스런 곰의 공격에 깜짝 놀라 창을 들고 찌르려 했습니다.

그때였습니다.

눈앞을 가리는 회오리바람이 세게 불더니 제우스 신이 나타났습니다.

제우스는 아들의 창에 죽게 될 어머니의 가련한 운명을 모른 체할 수 없었던 것입니다.

칼리스토를 구한 제우스는 헤라로부터 이 두 모자를 지켜 주기 위해 곧 이들을 하늘로 올려보내 별자리로 만들었습니다.

이렇게 하여 칼리스토는 '큰곰자리', 아르카스는 '작은곰자리'가 된 것입니다.

한편, 질투의 여신 헤라는 자신이 저주한 칼리스토가 하늘의 별이 되어 더욱 아름답게 빛나는 것을 보자 참을 수가 없었습니다.

헤라는 바다의 신 포세이돈에게 부탁하여 이 두 모자의 별이 바다에 들어가 물을 마시지도 목욕을 하지도 못하게 했습니다.

포세이돈은 헤라의 부탁을 들어주었습니다.

그 후 결국 큰곰자리와 작은곰자리는 잠시도 쉬지 못하고 바다에 들어가지도 못한 채 일 년 내내 북극의 하늘만을 맴돌게 되었다고 합니다.

밤하늘은 왜 어두운가요?

수많은 별들이 모두 각자의 독특한 빛으로 빛나고 있는데도
왜 밤하늘은 어두운 것일까요?
그 이유는 바로 우주가 계속 팽창하고 그 끝이 있기 때문이지요.
후퇴하고 있는 별에서 내는 빛은
정지해 있는 별에서 나오는 빛보다 더 어둡게 전달되고,
후퇴 속도가 빛의 속도보다 빠른 별은
우리에게 보이지 않기 때문입니다.
그러므로 우주의 밀도가 일정해도 별과의 거리가 멀어지면
많은 별들이 빛을 발하고 있더라도 밤하늘은 어두운 것입니다.

사자자리

서쪽 하늘을 보며 앉아 있는 모습을 하고 있는
사자자리의 별 중에서 가장 잘 알려진 별은
1등성 레굴루스입니다.
'작은 임금'이라는 뜻을 가진 레굴루스는
사자자리의 가슴 부분에서 보석처럼
아름답게 빛나고 있습니다.

네메아의 괴물 사자

제우스 신과 인간 알크메네의 아들인 헤라클레스는 태어나면서부터 제우스 신의 부인인 헤라의 온갖 박해를 받았습니다.

헤라의 저주는 헤라클레스가 아직 걷지도 못하는 아기였을 때부터 시작되었습니다.

어느 날 헤라는 요람 속에서 잠들어 있는 헤라클레스의 방에 독사 두 마리를 풀어 놓았습니다.

굶주린 독사들은 새빨간 혀를 날름거리며 헤라클레스에게 다가가 물어 죽이려고 했습니다.

그러나 헤라클레스는 신들의 제왕인 제우스의 아들답게 영웅의 능력을 가지고 태어난 두 마리의 뱀을 눌러 죽이고 위기를 벗어났습니다.

"아니, 저럴 수가!"

숨어서 그 모습을 지켜보고 있던 헤라는 자신이 저주를 주었던 아기가 엄청난 힘을 지닌 사실을 알고는 화가 치밀어 견딜 수가 없었습니다.

그 뒤에도 헤라의 저주는 계속되었지만, 헤라클레스는 그리스 제일의 영웅으로 자랐습니다.

세월이 흘러 헤라클레스는 결혼을 하고 아이도 낳아 행복하게 살았습니다.

그러던 어느 날, 헤라 여신의 저주 때문에 잠시 머리가 이상해진 헤라클레스는 아내를 죽이고 아이를 불 속으로 던지는 비참한 일을 저지르고 말았습니다.

정신을 차린 헤라클레스는 자신이 저지른 일을 깨닫고 절망에 빠졌습니다.

"아, 내가 도대체 무슨 일을 저질렀단 말인가!"

헤라클레스는 아폴론 신상 앞에 엎드려 간절한 마음으로 자신의 죄를 뉘우쳤습니다.

잠시 후 아폴론 신의 목소리가 들려왔습니다.

"가엾은 헤라클레스여, 너는 참으로 무서운 죄를 저질렀구나.

그러나 지금부터 내가 하는 말을 잘 들어라. 미케네의 에우리스테스 왕을 찾아가면 그가 너에게 열두 가지의 위험한 모험을 시킬 것이다. 만약 네가 그 일들을 무사히 마친다면 죄의 대가를 깨끗이 치르게 될 것이다."

아폴론 신의 말을 듣고 헤라클레스는 그 길로 곧 에우리스테스 왕을 찾아갔습니다.

허풍이 심하고 아주 비겁한 에우리스테스는 그리스 최고의 영웅인 헤라클레스가 찾아온다는 말을 듣고 잔뜩 겁을 집어먹었습니다.

그는 잠시도 망설이지 않고 헤라 여신의 신전으로 찾아가 헤라클레스를 없앨 수 있는 방법을 알려 달라고 간청했습니다.

그렇지 않아도 헤라클레스에게 앙심을 품고 있던 헤라는 인간으로서는 도저히 할 수 없는 열두 가지의 일을 그에게 일러 주었습니다.

"먼저 네메아 골짜기에 사는 괴물 사자를 없애라고 하여라. 그리고 또……."

헤라클레스는 에우리스테스 왕으로부터 명령을 받았습니다.

"헤라클레스, 네가 해야 할 첫 번째 일은 네메아에 가서 괴물 황금사자를 처치하는 것이다. 그 사자를 죽이고 가죽을 가져오너라."

이 무렵의 하늘은 온통 혼란 속에 빠져 별들은 자신의 자리를 지키지 않고 혜성과 함께 떠돌아다녔습니다.

네메아의 사자는 달에서 떨어져 나온 별똥별 하나가 황금사자의 모습으로 그리스 네메아 골짜기에 떨어져서 생겼다고 합니다.

이 사자는 상상도 할 수 없을 만큼 크고 난폭하여 네메아 사람들은 많은 피해를 입고 있었습니다.

하반신이 뱀 모양으로 생긴 괴물 에키드나의 아들인 이 황금사자는 시간이 지날수록 몸집이 커지고 더욱 난폭해져 짐승들은 물론 사람들까지 잡아먹었습니다. 네메아 사람들의 힘으로는 도저히 어떻게 해 볼 수가 없는 무서운 존재였습니다.

헤라클레스는 명령을 받은 즉시 활과 창을 가지고 네메아 골짜기로 향했습니다.

네메아의 숲 가까이에 이르렀을 때 헤라클레스는 크고 단단한 감람나무 한 그루를 발견했습니다.

그는 나무를 송두리째 뽑아 내어 굵은 몽둥이를 만들어 들고 숲 속으로 들어갔습니다.

숲 속은 너무나 조용했습니다.
헤라클레스는 네메아의 신전 근처에 몸을 숨기고 사자가 나타나기를 기다렸습니다. 그러나 괴물 사자는 좀처럼 나타나지 않았습니다.
그런데 밤이 이슥해지자 갈기와 입 주위가 온통 붉은 피로 범벅이 된 괴물 사자가 어슬렁거리며 나타났습니다.
"괴물 사자야, 오늘이 네 제삿날인 줄 알아라."
헤라클레스는 먼저 화살 두 개를 힘껏 날렸습니다.
그런데 이게 웬일입니까? 길게 쭉 뻗어 날아간 화살은 등에 명중했으나 그대로 튕겨져 나올 뿐 괴물 사자는 끄덕도 하지 않는 것이었습니다.
괴물 사자는 온몸이 단단한 비늘로 뒤덮여 있었던 것입니다.
헤라클레스가 쏜 화살은 사자에게 조그만 상처도 내지 못한 채 오히려 성질만 돋우어 놓았습니다.

몹시 당황한 헤라클레스는 이마에 흐르는 땀을 닦아 내며 방어 태세를 취했습니다.

화가 머리끝까지 오른 괴물 사자는 발톱을 치켜세우고 으르렁거리며 헤라클레스에게 달려들었습니다.

"에잇, 맛 좀 봐라."

헤라클레스는 재빨리 몽둥이를 움켜쥐고 온 힘을 다해 사자의 머리를 내리쳤습니다.

얼마나 힘껏 내리쳤는지 감람나무 몽둥이가 그만 부러지고 말았습니다. 그 바람에 괴물 사자는 깜짝 놀라 한 발짝 뒤로 물러서더니 얼른 달아났습니다.

동굴 속으로 달아난 괴물 사자는 어둠 속에서 으르렁거릴 뿐 감히 덤벼들 엄두를 못냈습니다. 헤라클레스의 엄청난 힘에 겁을 먹고 그만 싸울 마음이 없어지고 만 것입니다.

그러나 헤라클레스는 여기에서 싸움을 포기할 수 없었습니다.

"네가 나오지 않는다면 내가 다가가는 수밖에 없지. 기다려라!"

결국 헤라클레스는 몽둥이를 버리고 괴물 사자와 뒤엉켜 대격투를 벌였습니다.

그가 괴물 사자의 목에 팔을 감고 온 힘을 다해 조이자 괴물 사자는 허공에 발을 허우적거리며 몸부림쳤습니다.

"크아아!"

신의 아들인 헤라클레스의 엄청난 힘에 괴물 사자도 견딜 수가 없었는지 그만 네 다리를 쭉 뻗고 말았습니다.

헤라클레스의 승리로 네메아 사람들은 무서운 괴물 사자의 공포에서 벗어나 다시 평화로운 시절로 돌아가게 되었습니다.

그 후 헤라클레스는 사자의 머리로 투구를 만들어 쓰고 가죽을 벗겨 옷을 만들어 입은 후 몽둥이를 들고 다니면서 여러 가지 모험을 계속했습니다.

그리스 신화에서 헤라클리스가 입고 있는 옷이 바로 괴물 사자의 가죽으로 만든 옷입니다.

제우스는 헤라클레스의 힘과 용기를 칭찬하며, 그의 영웅적인 행동을 모든 사람들에게 영원히 기억하게 하기 위해 죽은 황금사자를 하늘로 올려 별자리로 만들었습니다. 이것이 바로 '사자자리' 입니다.

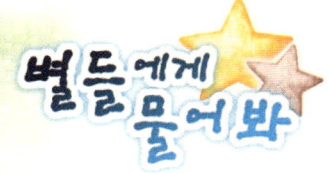

별은 왜 반짝반짝 빛날까요?

밤하늘의 별을 가만히 바라보세요.
별들이 쉴 새 없이 반짝이고 있지요.
좀 더 자세히 관찰해 보면 높은 하늘에 있는 별보다도
지평선에 가까운 별들이 더 유난히 반짝이는 것을 알 수 있습니다.
별이 반짝이는 이유는 별빛이 지구의 대기를 통과하면서 흩어지는
'산란' 현상을 일으키기 때문입니다.
지평선에 가까운 별일수록
더 많은 대기를 통과하기 때문에 산란이 더 심하며,
대기 상태가 불안정할수록 더욱 반짝이는 것처럼 보이게 됩니다.
그러나 막상 우주 공간에서 별을 본다면
별은 반짝이지 않고 가만히 빛나기만 한다는 것을 알 수 있습니다.

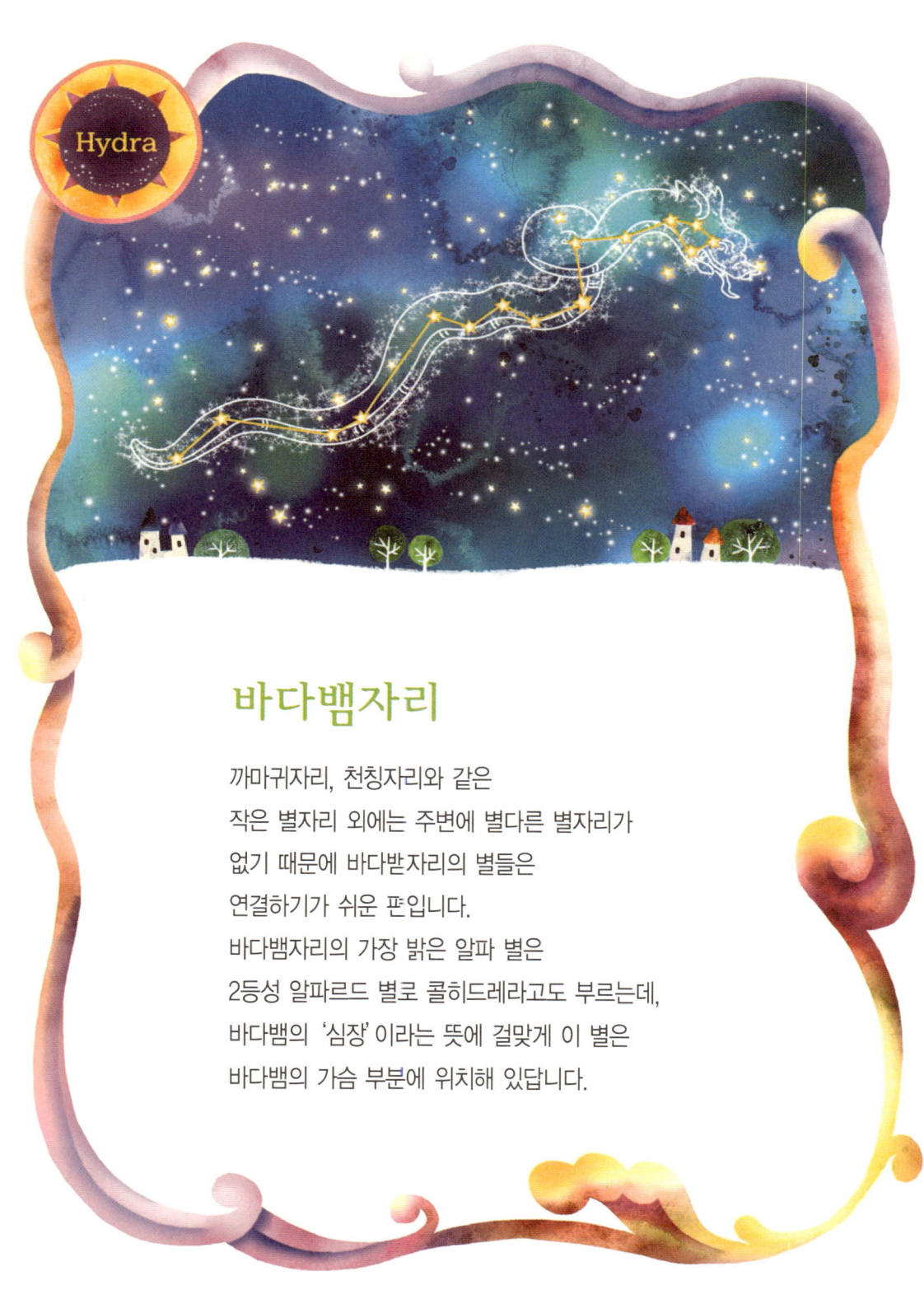

바다뱀자리

까마귀자리, 천칭자리와 같은
작은 별자리 외에는 주변에 별다른 별자리가
없기 때문에 바다뱀자리의 별들은
연결하기가 쉬운 편입니다.
바다뱀자리의 가장 밝은 알파 별은
2등성 알파르드 별로 콜히드레라고도 부르는데,
바다뱀의 '심장'이라는 뜻에 걸맞게 이 별은
바다뱀의 가슴 부분에 위치해 있답니다.

머리가 아홉 개 달린 히드라

그리스의 아르고리코스에 있는 레르나 늪 근처에 머리가 아홉 개 달린 히드라라는 거대한 물뱀이 살고 있었습니다.

이 물뱀은 머리 하나가 잘리면 그 자리에 두 개의 머리가 생기는 이상한 괴물로, 특히 아홉 개의 머리 가운데 하나는 영원히 죽지 않는 것이었습니다.

히드라는 괴물 사자와 마찬가지로 몸의 절반이 뱀인 에키드나라는 괴물의 자식으로, 복수의 여신인 헤라가 헤라클레스를 없애기 위해 기른 괴물이었습니다.

히드라는 배가 고픈 밤이면 늪에서 나와 가축이나 사람들을 잡아먹었습니다. 레르나 지방은 히드라의 난폭한 행동 때문에 점점 황폐해졌습니다.

이 무렵 레르나 지방은 에우리스테스 왕이 다스리고 있었는데, 사람들은 날마다 에우리스테스 왕을 찾아가 히드라를 없애 달라고 호소했습니다.

　에우리스테스 왕은 잠시 곰곰이 생각하는 듯하더니 곧 입가에 미소를 지었습니다.

　"걱정 마라. 그대들의 고민을 해결해 줄 헤라클레스라는 영웅이 있지 않느냐?"

　네메아 골짜기의 괴물 사자를 물리친 헤라클레스는 숨 돌릴 틈도 없이 다시 히드라를 없애고 오라는 명령을 받았습니다.

　헤라클레스는 곧장 레르나 늪을 향해 떠났습니다. 이번 모험에는 그의 조카이자 충실한 부하인 이올라오스도 함께 데리고 출발했습니다.

　물안개가 부옇게 피어오르는 레르나 늪 주위는 한낮인데도 몹시 음산했습니다.

　"헤라클레스 님, 왠지 기분이 으스스한걸요."

　어깨에 활을 메고 앞장서서 걷고 있는 헤라클레스도 무척 긴장되는지 작은 움직임 하나도 놓치지 않으려는 눈빛이었습니다. 이올라오스는 그 뒤에 바싹 붙어 서서 경계를 늦추지 않았습니다.

　두 사람은 늪 가까이에 있는 어느 구멍으로 머리를 내밀며 독을 내뿜고 있는 히드라를 발견했습니다.

헤라클레스는 불화살을 만들어 히드라를 향해 정확하게 쏘았습니다. 히드라의 보금자리는 순식간에 불길이 치솟았습니다.

자신의 보금자리가 불태워지자 히드라는 몹시 화가 났습니다.

"크아아!"

"헤라클레스 님, 어서 피하세요!"

"겁낼 것 없어. 어차피 맞서 싸워야 하니까."

그때 땅 위로 올라온 히드라의 머리 하나를 재빨리 움켜잡았습니다. 그러자 나머지 여덟 개의 머리가 입을 벌리며 한꺼번에 달려들었습니다.

"이올라오스, 어서 몽둥이를 던져 줘."

이올라오스가 몽둥이를 던져 주자 헤라클레스는 히드라의 머리를 사정없이 내리쳤습니다. 순식간에 히드라의 머리는 일곱 개나 잘려 나갔습니다.

그런데 잘려 나간 머리마다 두 개의 머리가 다시 나오는 바람에 일만 점점 더 커질 뿐이었습니다.

히드라의 머리는 어느새 수십 개로 늘어났습니다. 아무리 힘이 센 헤라클레스라 하더라도 이렇게 많은 숫자를 당해 내기란 무리였습니다.

이 모습을 지켜보던 이올라오스가 소리쳤습니다.

"저한테 좋은 생각이 있어요."

이올라오스는 재빨리 큰 나무 한 그루를 뽑아 햇불을 만들어 들고 왔습니다.

"헤라클레스 님은 계속 히드라의 머리를 자르세요. 다음 일은 제가 알아서 할게요."

헤라클레스는 고개를 끄덕이며 다시 있는 힘껏 히드라의 머리를 내리쳤습니다.

그러자 이올라오스는 재빨리 히드라의 머리가 잘려진 자리에 불타고 있는 햇불을 갖다 댔습니다.

이제 히드라의 머리에서는 더 이상 아무것도 생겨나지 않았습니다.

"이렇게 간단한 방법이 있었군그래."

마침내 히드라의 머리는 하나만 남게 되었습니다.

그런데 이 머리만은 아무리 몽둥이로 내려치고 불로 지져도

끄덕도 하지 않았습니다. 바로 영원히 죽지 않는 머리였던 것입니다.

　헤라클레스는 마지막으로 온 힘을 다해 하나 남은 히드라의 머리를 힘껏 누르고 몽둥이로 내리쳤습니다.

　그리고는 산만한 바윗덩이를 히드라의 머리 위에 떨어뜨려 꼼짝도 하지 못하게 했습니다.

　이렇게 해서 헤라클레스와 히드라의 기나긴 싸움이 겨우 끝났습니다.

　처음부터 이 모습을 지켜보던 여신 헤라는 매우 화가 났습니다.

　"어유, 분해. 헤라클레스를 이길 만한 괴물이 아무도 없단 말이야?"

　하지만 질투의 여신 헤라드 헤라클레스의 영웅적인 능력은 인정하지 않을 수 없었습니다.

　그리고 싸움에 진 물뱀 히드라를 하늘로 올려보내 '바다뱀자리'로 만들어 주었습니다.

별자리란 무엇일까요?

밤하늘을 보면 별들이 쉬지 않고 움직이는 것처럼 보이지요?
물론 지구가 자전을 하기 때문에 별들도
동쪽에서 서쪽으로 흘러가는 것처럼 보이지만,
사실 별들은 움직이지도 않고 언제나 일정한 모양을 하고 있답니다.
옛날 사람들은 가까이에 있는 몇 개의 별들을 한데 모아 그 모양에 따라
이름을 붙인 뒤 재미있는 이야기를 만들어 냈는데,
이것이 바로 '별자리' 입니다.
별자리는 동양과 서양 또는 각 지방에 따라 서로 다르지만,
우리가 알고 있는 별자리는
대부분 2500여 년 전 그리스 시대에 만들어진 것입니다.
그 이후에도 조금씩 변하여 왔는데, 대부분 신화 속에 등장하는
신이나 사람·동물들을 나타내고 있습니다.

머리털자리

4등성 이하의 별들로 이루어져 찾아보기가 무척 어렵지만,
사냥개자리의 알파 별인 콜 카롤리와
사자자리의 베타 별인 데네볼라를 이은 가운데쯤에서
머리털자리의 감마 별을 찾을 수 있답니다.
머리털자리 부근은 하늘의 강인 은하수에서
가장 멀리 떨어진 곳으로서,
거대한 볼록 렌즈 모양을 한 은하계의 북극에 해당됩니다.

별이 된 머리카락

고대 그리스 시대부터 있어 왔던 별자리는 아니지만 이 별자리에는 신화나 전설이 아닌 실제로 있었던 아름다운 이야기가 전해지고 있습니다.

지금으로부터 약 2200년 전 이집트의 왕 프톨레마이오스 3세는 백성들에게 '에우에르게테스(착한 일을 하는 사람)'라고 불릴 만큼 존경을 받았습니다.

그런데 그 무렵 아시리아가 공격해 오는 바람에 평화롭던 이집트에 먹구름이 일기 시작했습니다.

프톨레마이오스 3세는 아시리아와 맞서 싸우기 위해 많은 대군을 이끌고 직접 원정길에 올랐습니다.

왕비인 베레니케는 몹시 걱정이 되었으나 애써 불안한 표정을 감추며 왕을 전송했습니다.

"폐하, 꼭 승리하고 돌아오시리라 믿습니다."

"너무 걱정하지 마시오. 내 반드시 이기고 돌아오리다. 아시리아가 비록 강하기는 하지만 우리의 힘을 당해 내지는 못할 것이오."

프톨레마이오스 3세는 베레니케 왕비의 전송을 뒤로 한 채 군사들을 이끌고 전쟁터를 향해 출발했습니다.

베레니케 왕비는 왕이 떠나자마자 불안한 마음을 달래기 위해 미의 여신인 아프로디테의 신전으로 달려갔습니다. 그녀는 여신의 동상 앞에 엎드려 간절한 마음을 담아 애원했습니다.

"여신이시여, 제 남편이 전쟁에 승리하고 무사히 돌아올 수 있도록 보살펴 주세요. 만약 제 소원을 들어주신다면 목숨보다도 더 소중하게 여기는 제 머리카락을 잘라 여신께 바치겠습니다."

그 무렵 베레니케 왕비는 다른 나라에까지 소문이 날 정도로 탐스럽고 아름다운 황금빛 머리카락을 가지고 있었습니다.

여신은 베레니케 왕비의 간절한 기도를 모른 체하지 않았습니다.

왕이 떠나고 며칠이 지난 후, 전령 한 사람이 이집트군이 싸움에 이겨 무사히 돌아온다는 소식을 갖고 돌아왔습니다.

하루하루 가슴을 졸이며 기다리던 베레니케 왕비는 기쁨의 눈물을 흘렸습니다.

"오! 여신이시여, 저의 소원을 들어주셨군요. 감사합니다. 이제는 제가 여신님과의 약속을 지켜야 할 차례군요."

자신의 방으로 가서 거울을 바라보던 베레니케 왕비는 가위를 들어 아름다운 머리카락을 싹둑 잘랐습니다.

오랫동안 정성껏 기른 아름답고 긴 머리카락이었지만 전혀 아깝다는 생각이 들지 않았습니다. 왕비는 기쁜 마음으로 아프로디테의 신전에 머리카락을 바쳤습니다.

마침내 싸움터에서 돌아온 왕은 왕비의 머리카락이 없어진 것을 보고 깜짝 놀랐습니다.

"아니, 이게 어떻게 된 일이오?"

"......"

프톨레마이오스 왕은 베레니케 왕비의 아름답고 긴 머리카락을 사랑했는데, 이제 그 모습을 볼 수 없게 되자 무척 실망한 듯이 보였습니다.

그러나 왕은 곧 베레니케 왕비가 아름다운 머리카락을 자르게 된 사연을 듣고 무척 감격했습니다.

"머리카락은 또 기르면 되지만 당신이 없으면 저는 죽은 목숨이나 마찬가지예요."

프톨레마이오스 왕은 베레니케 왕비의 진심이 담긴 말에 더욱 감격하여 이미 날이 어두워졌는데도 불구하고 햇불을 들고 신전으로 가 보았습니다.

그런데 이게 웬일입니까? 신전의 제단 위에 있어야 할 머리카락이 보이지 않는 것입니다.

이 말을 전해 들은 베레니케 왕비는 몹시 슬퍼했습니다.

"왕비가 바친 그 귀중한 머리카락을 도둑맞다니, 너는 죽음을 면치 못하리라!"

프톨레마이오스 왕이 불같이 화를 내자 신전을 돌보던 사제는 어찌할 바를 몰라 쩔쩔맸습니다.

그때 궁중의 천문학자인 코논이 밤하늘을 가리키며 소리쳤습니다.

"폐하, 저기를 좀 보십시오. 왕비님의 머리카락은 저기 놓여 있

습니다."

그리고는 아름다운 왕비의 머리카락이 신전 안에만 놓여 있는 것이 너무 아까워 모든 세상 사람들이 지켜볼 수 있도록 제우스 신께서 하늘에 걸어 둔 것이 분명하다고 말했습니다.

프톨레마이오스 왕과 베레니케 왕비가 자세히 바라보니 사자자리의 꼬리 끝에 처음 보는 희미한 별무리가 밤하늘에 반짝이는 것이 보였습니다.

그것은 마치 그물처럼 엉킨 탐스러운 왕비의 머리다발처럼 보였습니다.

몹시 실망하고 있던 왕과 왕비는 매우 기뻐하며 밤하늘에 반짝이는 머리털자리의 별무리를 하염없이 바라보았습니다.

가장 큰 별자리와
가장 작은 별자리는 무엇일까요?

하늘에 떠 있는 별자리는
여러 가지 모양만큼이나 그 크기도 천차만별입니다.
하늘에서 가장 큰 별자리는 봄 밤에 볼 수 있는 바다뱀자리로
보름달이 약 6,500개 정도나 들어갈 수 있는 크기입니다.
그리고 가장 작은 별자리는 우리 나라에서는 볼 수 없는
남쪽의 남십자자리입니다.

처녀자리

아름다운 봄처녀의 별자리가
동쪽 하늘의 지평선 위로 보일 때쯤이면
밝은 1등성 하나가 낮게 떠서 눈부신 빛을 발하는데,
이 별이 바로 처녀자리의 으뜸별인 스피카입니다.
스피카는 '보리 이삭'이라는 뜻의 라틴어로,
항상 깨끗한 흰색으로 빛나기 때문에
'진주별'이라는 아름다운 이름으로 부르기도 합니다.

사계절이 생긴 이유

　　토지의 여신인 데메테르의 딸 페르세포네는 여느 때처럼 변함없이 들판에서 따뜻한 햇살을 받으며 꽃을 꺾고 있었습니다.
　　"어머, 이 꽃은 어머니가 가장 좋아하는 꽃이네."
　　페르세포네의 바구니에는 수선화, 오랑캐꽃, 제비꽃이 가득 넘쳐났습니다.
　　꽃의 아름다움에 마음을 빼앗긴 페르세포네는 자기도 모르는 사이에 언덕을 넘어 들꽃이 만발한 들판에 다다랐습니다.
　　눈앞에 너무나 아름다운 광경이 펼쳐졌습니다.
　　"세상에! 어쩜 이렇게 아름다울까!"
　　페르세포네는 좋아서 어쩔 줄 몰라 하며 팔짝팔짝 뛰어갔습니다. 황금빛 머리카락을 바람에 날리며 꽃밭 한가운데에 서 있는 그녀의 모습은 꽃보다 더 아름다웠습니다.

그때 너른 들판 한가운데로 달려오고 있는 검은색 마차 한 대가 보였습니다. 마차 안에는 검은색 망토를 걸친 근엄해 보이는 사나이가 앉아 있었습니다.

사나이는 들에서 꽃을 꺾고 있는 페르세포네를 발견하고 그녀의 아름다움에 반해 버렸습니다.

순식간에 페르세포네 옆으로 마차를 몰고 온 낯선 사나이는 눈 깜짝할 사이에 그녀를 낚아채어 자신의 옆에 태웠습니다.

페르세포네는 간절한 목소리로 외쳤습니다.

"살려 주세요. 어머니, 저 좀 구해 주세요!"

그러나 낯선 사나이는 페르세포네의 외침에도 아랑곳하지 않고 급히 채찍을 휘두르며 검은 마차를 몰았습니다.

마차는 서서히 갈라지기 시작하는 땅속을 향해 거침없이 달려갔습니다.

마차가 사라진 곳에는 페르세포네의 꽃바구니만이 떨어져 뒹굴었습니다.

밤이 늦도록 사랑하는 딸이 돌아오지 않자 토지의 여신 데메테르는 걱정이 되어 견딜 수가 없었습니다.

혹시라도 딸이 잘못되지는 않았을까 하는 생각에 하늘이 무너지는 것만 같았습니다.

한밤중에 횃불을 켜들고 들판으로 나간 데메테르는 어둠 속을 헤매며 페르세포네의 이름을 소리쳐 불렀습니다.

"페르세포네! 페르세포네!"

그러나 아무리 소리쳐도 페르세포네는 나타나지 않았습니다.

날이 새도록 딸을 찾아 온 숲 속을 헤매고 다닌 데메테르는 슬픔과 피곤함에 지쳐 바위 위에 털썩 주저앉았습니다. 그리고 며칠 동안 꼼짝도 하지 않았습니다.

마치 바위와 한 몸이라도 된 듯 태양이 내리쬐도 빗줄기가 퍼부어도 조금도 움직이지 않았습니다.

그러던 어느 날, 데메테르는 무슨 생각을 했는지 태양의 신 아폴론을 찾아갔습니다.

아폴론이라면 페르세포네가 어디로 사라졌는지 반드시 알고 있을 것이라 생각했던 것입니다.

"아폴론 님, 당신은 언제나 마차를 타고 하늘을 돌아다니니 이 세상에서 벌어지는 일을 모두 알고 계시지요? 제 딸이 어디로 갔는지 제발 가르쳐 주세요."

데메테르가 눈물을 흘리며 간절히 부탁하는 모습을 보자 아폴론은 그녀가 무척 가엾게 여겨졌습니다.

"너무 걱정하지 말아요. 페르세포네를 데려간 것은 지하 세계의 왕인 하이데스입니다. 하이데스는 페르세포네에게 반하여 자신의 신부로 선택한 것입니다. 하이데스는 페르세포네에게 잘해 줄 것입니다."

그러나 데메테르는 참을 수가 없었습니다.

아무리 지하 세계의 왕이라 하더라도 남의 딸을 함부로 데려갈 수는 없었습니다.

그녀는 다시 딸을 찾기 위해 정처없이 길을 떠났습니다.

그때 지하 세계에 갇혀 하루하루를 보내던 페르세포네는 날이 갈수록 어머니와 땅 위의 세계가 그리워졌습니다.

"아, 어머니께서 얼마나 걱정하고 계실까. 빨리 땅 위로 올라가 바람에 날리는 꽃향기를 맡으며 들판을 뛰어다니고 싶어."

하이데스는 이런 페르세포네의 마음을 모르는 것은 아니었지만, 그녀를 보내고 싶지 않았습니다.

한편, 딸을 잃은 슬픔 때문에 데메테르는 아무도 만나지 않고 신전 안에서 홀로 외롭게 지냈습니다.

그녀의 머리 속에는 오직 피르세포네 생각뿐이었습니다.

데메테르는 들꽃이 만발해 있는 들판을 내다보며 한숨 섞인 탄식을 했습니다.

"이 저주받은 땅아, 너는 이제 하이데스에게 길을 열어 준 대가를 치르게 될 것이다."

그 후 토지의 여신인 데메테르의 슬픔과 저주가 서서히 나타나기 시작했습니다.

땅 위의 모든 나무와 곡식들은 열매를 맺지 못하고 메마른 들판은 갈라져, 이대로 둔다면 얼마 못 가 땅 위의 모든 생명체가 멸종하고 말 게 분명했습니다.

신들의 왕인 제우스는 더 이상 땅이 황폐해져 가는 것을 두고 볼 수가 없었습니다. 제우스는 지하 세계의 왕이자 자신의 형인 하이데스를 설득하여 데메테르와 화해시켜야겠다고 생각했습니다.

제우스는 곧 신들의 사자인 헤르메스를 불렀습니다.

"제우스 님, 부르셨습니까?"

"지금 즉시 지하 세계의 왕인 하이데스를 찾아가 내 말을 전하라."

그리고는 데메테르의 저주와 지금 땅 위에서 일어나고 있는 일을 자세히 말하고, 하루라도 빨리 페르세포네를 돌려보내라고 말했습니다.

제우스의 명령을 받은 헤르메스는 쏜살같이 날아가 지하 세계의 왕인 하이데스의 궁전에 도착했습니다.

하이데스는 페르세포네와 함께 헤르메스를 맞았습니다.

"아니, 헤르메스 자네가 무슨 일로 이렇게 급히 달려왔는가?"

"네, 제우스 님의 말씀을 전하러 왔습니다."

헤르메스의 이야기를 들은 하이데스는 어쩔 수 없이 페르세포네를 돌려보내야겠다고 생각했습니다. 비록 자신의 동생이라 하더라도 신들의 제왕인 제우스의 말을 거절할 수는 없었습니다.

페르세포네가 다시 땅 위의 세계로 떠나는 날, 하이데스는 그녀에게 석류 열매 세 개를 건네주며 말했습니다.

"이건 내가 그대에게 주는 이별의 선물이오."

"어머, 석류 열매군요. 참 맛있겠는걸요."

페르세포네는 하이데스의 마음을 고마워하며 그 자리에서 석류 열매를 입에 넣었습니다.

　페르세포네가 마차에 올라타자마자 헤르메스는 채찍질을 하여 급히 말을 몰았습니다.

　들어올 때와 마찬가지로 마차는 서서히 갈라지는 땅 위를 향해 거침없이 달려 나갔습니다.

　페르세포네는 갈라진 땅 사이로 조금씩 비쳐드는 눈 부신 햇빛을 황홀한 듯이 바라보았습니다.

　마차는 땅 위로 나오자마자 혼자 힘겹게 딸을 잃은 슬픔을 견디고 있는 데메테르의 신전으로 향했습니다.

　오늘도 하염없이 딸 생각에 잠겨 있던 데메테르의 귀에 멀리서 말발굽 소리가 들려왔습니다.

　그 소리는 점점 가까이 들려오더니 데메테르의 등 뒤에서 멈추었습니다. 하지만 데메테르는 돌아보려고도 하지 않았습니다.

　"어머니!"

　그 순간 데메테르는 심장이 멈추는 것만 같았습니다. 세상에서 가장 그리운 목소리, 한시도 잊어 본 적이 없는 딸의 목소리가 들렸던 것입니다.

"아아, 페르세포네! 내 딸 페르세포네가 맞니?"

"네, 어머니, 저예요. 어머니의 딸 페르세포네예요."

데메테르와 페르세포네는 서로 부둥켜안고 눈물을 흘렸습니다. 그러자 놀라운 일이 벌어졌습니다.

바짝 메말라 갈라진 들판은 어느새 촉촉하게 젖어 황금빛 물결을 이루었으며, 나무와 곡식들은 탐스러운 열매를 맺기 시작했습니다.

데메테르와 페르세포네는 밤이 새도록 이야기꽃을 피웠습니다. 시간이 모자랄 만큼 할 이야기가 많았습니다.

그런데 데메테르는 문득 마음에 걸리는 게 있었습니다.

"페르세포네, 혹시 지하 세계에서 준 과일을 먹은 적이 있니?"

"네, 땅 위 세계로 나오면서 하이데스 님이 주신 석류 열매 세 개를 먹었어요."

갑자기 데메테르의 얼굴이 딱딱하게 굳어졌습니다.

"어머니, 왜 그러세요?"

"아, 이 일을 어쩌면 좋니? 지하 세계의 과일을 먹은 사람은 다시 그곳으로 돌아가야만 한단다."

페르세포네는 깜짝 놀랐습니다.

석류 열매 한 개에 한 달씩, 그러니까 일 년에 석 달은 지하 세계에서 보내야 한다는 것입니다.

그러나 페르세포네는 곧 슬픔에 잠긴 어머니를 위로했습니다.

"어머니, 너무 걱정하지 마세요. 어머니를 떠나 있는 건 괴로운 일이지만, 일 년 중에 3개월을 지하 세계에서 보내는 건 그렇게 나쁘지만은 않아요. 하이데스 님도 제게 친절히 대해 주시거든요."

그 후 페르세포네가 지하 세계로 가 있는 동안 슬픔에 빠진 데메테르가 땅 위 세계를 돌보지 않아 온 세상이 꽁꽁 얼어붙는 겨울이 생겨났다고 합니다.

그리고 페르세포네가 땅속에서 돌아오면 봄이 시작된다는 것입니다. 이때 데메테르는 기쁨을 되찾아 땅은 다시 활기를 띠고 나무와 곡식은 무성한 열매를 맺게 된다고 합니다.

이렇게 페르세포네는 매년 봄이면 하늘의 별자리가 되어 지하 세계로부터 동쪽 하늘로 올라오게 되었는데, 이것이 바로 '처녀자리'입니다.

왕관자리

커다란 별자리들 틈에 끼어 쉽게 눈에 띄지 않는 왕관자리는
독특한 모양 때문에 여러 가지 이름으로 불리고 있답니다.
불완전한 모양 때문에 깨진 그릇 또는
거지의 밥그릇이라 불리기도 하며
새끼줄, 곰의 동굴, 부메랑 등으로 불리기도 합니다.
왕관자리의 으뜸별은 '보석'이라는 뜻을 가진
가장 별다운 이름의 2.2등성 겜마입니다.

테세우스의 사랑이 담긴 황금장미관

헤라클레스의 영웅적인 활약은 그의 모험이 다 끝나기도 전에 그리스 전국에 소문이 나서 헤라클레스와 같은 용맹스런 남자가 되기를 바라는 젊은이들이 많았습니다.

아테네의 왕자 테세우스도 그 중의 한 사람이었습니다.

그 무렵, 아테네를 지배하고 있던 크레타 섬의 왕 미노스에게는 머리는 소를 닮고, 몸은 인간을 닮은 괴물 아들이 있었습니다.

미노스 왕은 미노타우로스라는 이 괴물을 지하 동굴에 가두어 두고 매년 두 번씩 아테네로부터 일곱 명의 소년과 소녀를 보내게 하여 잡아먹도록 했습니다.

누구보다도 용감한 테세우스는 괴물 미노타우로스를 처치하기로 결심하고 스스로 지원하여 이 죽음의 배에 탔습니다.

아마 테세우스는 헤라클레스에 지지 않을 만큼 용기가 솟구쳤던 모양입니다. 테세우스의 아버지인 아이게우스 왕은 아들의 결심을 바꾸려고 설득하였으나 막무가내였습니다.

드디어 이 죽음의 배는 크레타 섬을 향해 떠났습니다.

테세우스는 떠나면서 만약 살아서 돌아오면 검은 돛 대신 흰 돛을 달고 돌아오겠다고 약속했습니다.

그런데 항해 도중 조그마한 사건이 생겼습니다. 희생자 일행을 마중 나온 미노스 왕이 한 소녀를 희롱하려고 했던 것입니다.

그때 테세우스가 대담하게 왕의 앞을 가로막고 나섰습니다.

"크레타 섬의 왕이란 사람이 대체 이게 무슨 짓입니까? 나는 바다의 신 포세이돈의 자손이오. 원한다면 이 소녀를 위해 언제든지 당신과 싸울 생각이 있소."

그러자 미노스 왕은 테세우스의 말이 믿기지 않는다는 듯이 콧방귀를 뀌었습니다. 그리고는 왕의 표시로 손가락에 끼고 있던 황금 반지를 빼어 바다에 던지며 이렇게 말했습니다.

"만약 네가 포세이돈의 자손이라면 지금 던진 반지를 찾아올 수 있겠지."

미노스 왕의 이러한 요구에 테세우스는 곧바로 바다 속으로 뛰어들었습니다.

그 순간 어디에선가 돌고래 한 마리가 나타나 테세우스를 등에 태우고 바다 속에 있는 포세이돈의 궁전까지 안내해 주었습니다.

궁전에 도착하자 포세이돈의 아내가 반갑게 맞아 주었습니다.

그리고 포세이돈과 결혼할 때 사랑의 여신 아프로디테에게 축하 선물로 받은 황금장미관을 직접 테세우스의 머리에 씌워 주었습니다.

테세우스가 머리에는 포세이돈 부인의 장미관을 쓰고 손에는 미노스 왕의 반지를 쥐고 물 위로 떠오르자 미노스 왕을 비롯한 모든 사람들이 크게 놀랐습니다.

희생의 제물로 잡혀 온 소년과 소녀들도 그 순간만큼은 자신의 운명을 잊은 채 함성을 지르며 테세우스를 맞았습니다.

그 사건이 있은 후 테세우스 일행은 무사히 크레타 섬에 도착했습니다.

미노스 왕에게는 아리아도네라는 아름다운 딸이 있었는데, 그 날 마침 아버지를 마중 나온 아리아도네는 테세우스를 보고 첫눈에 반해 버렸습니다.

아리아도네는 이미 술의 신인 디오니소스와 약혼한 사이였으나, 그녀는 그 사실을 까맣게 잊은 듯 테세우스가 빨리 미노타우로스를 없앨 수 있도록 간절히 기원했습니다.

미노타우로스의 미궁에는 거미줄처럼 얽힌 많은 미로가 있어서 한번 들어가면 어떤 사람도 두 번 다시 나오는 길을 찾을 수 없도록 되어 있었습니다.

그러한 사실을 알고 있는 아리아도네는 사모하는 테세우스를 돕고 싶었습니다. 그녀는 테세우스에게 튼튼한 붉은 실 뭉치를 건네주며 이 실을 미로 입구에 묶어 두었습니다.

미궁 안으로 들어갈수록 미로가 복잡하게 갈라지며 점점 더 어두워졌습니다. 그러나 다행스럽게도 테세우스의 머리에는 포세이돈의 부인이 씌워 준 장미관이 있었습니다.

이 장미관은 일곱 개의 보석이 박혀 있어 아무리 어두운 곳에서도 밝은 빛을 비추어 주었습니다.

천천히 계단을 내려간 테세우스는 동굴 속에 웅크린 채 괴상한 신음 소리를 내고 있는 미노타우로스를 발견하자 재빨리 검을 뽑

아 단칼에 가슴을 꿰뚫었습니다.

한편, 미궁 밖에서 기다리고 있던 아리아도네는 고막을 찢을 듯이 들려오는 미노타우로스의 울부짖는 괴성 때문에 몹시 불안했습니다.

아리아도네가 불안한 마음으로 기다리고 있는데, 입구에 묶어 둔 실이 팽팽해지더니 잠시 후 온몸이 피투성이가 된 테세우스가 나타났습니다.

너무나 기쁜 마음에 할 말을 잃은 아리아도네는 물끄러미 테세우스를 쳐다보았습니다.

그때 테세우스가 아리아도네를 다정하게 포옹하면서 청혼을 했습니다.

그리고 그 사랑의 증거로 자신이 쓰고 있던 황금장미관을 벗어 아리아도네에게 씌워 주었습니다.

이리하여 아테네의 젊은이들이 무사히 살아나긴 했으나, 한시라도 빨리 미노스 왕 몰래 이 섬에서 탈출하지 않으면 안 되었습니다.

테세우스는 아리아도네와 열네 명의 소년과 소녀들을 배에 태워 섬을 빠져나갔습니다.

　밤이 되자 배는 닉소스라는 섬에 도착해 잠시 쉬어 가기로 했습니다.

　그런데 그날 밤, 테세우스의 꿈속에 아테나 여신이 나타나서
"아리아도네를 아테네로 데리고 가면 불행한 일이 일어날 테니 어서 빨리 그녀를 두고 떠나거라."
하고 말하는 것이었습니다.

　테세우스는 신의 명령을 거역할 수가 없었습니다.

　테세우스는 곤히 잠든 아리아도네를 남겨 두고 무거운 마음으로 일행을 배에 태워 섬을 떠났습니다.

　그런데 테세우스는 허겁지겁 섬을 떠나는 바람에 미노타우로스를 처치하면 흰 돛을 달고 오겠다는 약속을 그만 잊어버리고 검은 돛을 달고 아테네로 돌아왔습니다.

　멀리서 검은 돛을 달고 돌아오는 배를 보던 아이게우스 왕은 아들 테세우스가 죽은 줄 알고 너무 슬픈 나머지 바다에 몸을 던져 죽어 버렸습니다.

　한편, 잠에서 깨어난 아리아도네는 섬에 혼자 남겨진 걸 알게

되었습니다.

절망에 빠진 아리아도네는 죽고 싶었습니다.

그때 약혼자인 디오니소스가 나타나 아리아도네를 위로하며, 그녀가 테세우스에게 사랑의 정표로 받아 쓴 장미관을 벗겨 하늘로 던졌습니다.

이것이 바로 남쪽 밤하늘에 별자리로 새겨진 '왕관자리'입니다.

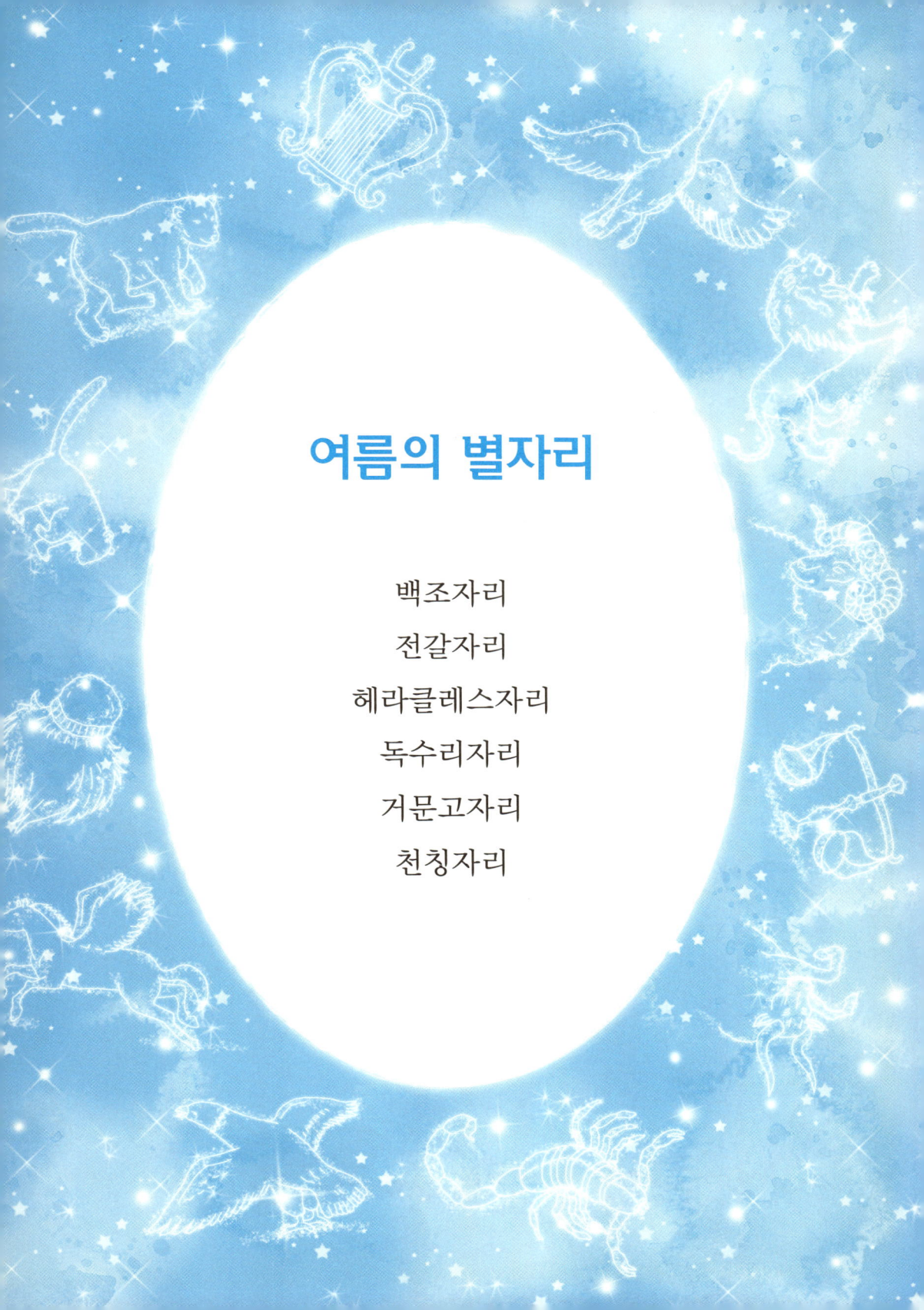

여름의 별자리

백조자리
전갈자리
헤라클레스자리
독수리자리
거문고자리
천칭자리

백조자리

밤하늘을 유유히 날고 있는 백조의 모습은
많은 별자리 중에서도 단연 돋보이는 별자리입니다.
또 백조의 부리 근처에서 반짝이는
3등성 알비레오는 하늘의 보석이라고
불릴 만큼 아름답게 빛나며
우리의 마음을 빼앗고 있답니다.

친구를 사랑한 청년

큐크노스는 모든 아가씨들에게 선망의 대상이었습니다.

태양의 신 아폴론과 튤리아 사이에서 태어난 큐크노스는 그 용모가 하도 아름다워 한 번이라도 그를 본 아가씨들은 모두들 그와 사귀는 것이 소원일 정도로 매력 있는 청년이었습니다.

아가씨들은 큐크노스의 관심을 끌기 위해 온갖 방법을 다 썼습니다.

그러나 큐크노스가 그런 아가씨들에게 다정한 눈길 한번 주지 않고 늘 차갑게 대하자, 마침내 아무도 그를 가까이하지 않았습니다.

그렇지만 큐크노스는 전혀 아랑곳하지 않았습니다. 왜냐하면 그에게는 퓨리오스라는 아주 친한 친구가 있었기 때문입니다.

그들은 언제나 함께 다녔습니다.

큐크노스는 날씬하고 마치 소녀처럼 우아했으며 퓨리오스는 남자답고 늠름했습니다.

그들은 마치 사랑하는 연인처럼 서로를 아꼈으며, 퓨리오스는 큐크노스가 원하는 것이라면 무엇이든 구해 주었습니다.

"큐크노스, 오늘은 산토끼와 꽃사슴 한 마리를 잡았어. 이것 모두 너에게 줄게."

"고마워. 그런데 퓨리오스, 다음에는 얼룩말을 잡아 줘. 얼룩말이 타고 싶단 말이야."

"그래그래. 난 네가 원하는 것이라면 무엇이든지 다 해 줄 수 있어. 헤헤……."

퓨리오스는 정성을 다해 큐크노스가 원하는 것을 들어주었으며, 혹시라도 그가 원하는 것을 구하지 못하면 미안해서 어쩔 줄 몰라 했습니다.

너무 아름다워서 다른 사람에게 사랑받는 것을 당연하게 여긴 큐크노스는 날이 갈수록 우쭐해졌습니다.

퓨리오스는 영웅 헤라클레스와도 친구였기 때문에 종종 큐크노스가 부탁하는 걸 얻기 위해 헤라클레스의 힘을 빌리기도 했습

니다.

하지만 큐크노스는 만족할 줄을 몰랐으며 퓨리오스에게 더욱 더 많은 것을 요구하며 심술을 부렸습니다.

"내 부탁을 안 들어주겠다는 거야? 좋아, 마음대로 해. 차라리 나와 사귀고 싶어하는 다른 아가씨들을 만나는 게 낫겠어."

퓨리오스는 날이 갈수록 많은 것을 요구하며 고마워할 줄 모르는 큐크노스가 점점 싫어졌습니다.

그러던 어느 날, 그날도 큐크노스는 퓨리오스를 기다리며 이번엔 무엇을 구해 달라고 할까 궁리하며 마음이 들떠 있었습니다. 그런데 아무리 기다려도 퓨리오스는 나타나지 않았습니다.

큐크노스는 왠지 마음이 불안해져서 퓨리오스의 집으로 찾아가 보았습니다. 하지만 그는 이미 어디론가 떠나 버리고 없었습니다.

"도대체 말도 없이 어디로 간 거야! 흥, 돌아오기만 해 봐라."

그런데 퓨리오스가 곁에 없다고 생각하자 큐크노스는 금세 쓸쓸해졌습니다. 그제야 자기한테 퓨리오스가 얼마나 소중했는지를 깨달았던 것입니다.

"퓨리오스, 내게 돌아와. 나는 언제까지라도 너를 기다리고 있을 거야."

그러나 아무리 기다려도 퓨리오스가 돌아오지 않자 큐크노스는 그만 아무것도 하기 싫어졌습니다.

'이젠 내 곁에 아무도 없어. 차라리…….'

이렇게 생각한 큐크노스는 도저히 밀려드는 외로움을 견디지 못하고 마침내 호수에 몸을 던지고 말았습니다.

그러자 큐크노스의 어머니도 호수에 몸을 던져 아들의 뒤를 따랐습니다.

아폴론은 큐크노스 모자의 불쌍한 죽음을 슬퍼하며 그들을 백조의 모습으로 만들었습니다. 그리고 이것을 하늘로 올려 별자리로 만들었다고 합니다.

전갈자리

여름 밤 남쪽 하늘에
폭포수처럼 흘러내리는 은하수 옆에서
아름다운 S(에스)자 곡선을 그리고 있는 전갈자리.
사막의 무서운 독충 전갈이
어떻게 밤하늘의 아름다운 별자리가 되었을까요?

사냥꾼 오리온을 쫓는 별자리

사막의 무서운 독충 전갈이 어떻게 하늘의 아름다운 별자리가 되었을까요?

그리스 신화에 의하면 전갈자리는 사냥꾼 오리온을 죽이기 위해 태양의 신 아폴론이 풀어 놓은 거대한 전갈이라고 합니다.

오리온은 자신의 힘을 과시하며 '이 세상에 나만큼 강한 자는 없다. 어떤 동물이라도 이 몽둥이를 맞으면 살아 남지 못한다'고 자랑하며 다녔습니다.

이 말을 들은 올림포스의 신들은 참을 수가 없었습니다. 그래서 아폴론은 오리온이 다니는 길에 커다란 전갈을 보내어 습격하게 했습니다.

그러나 이 전갈도 오리온을 죽이는 데는 실패했습니다.

곰곰이 생각하던 아폴론은 사냥의 여신인 누이동생 아르테미스를 이용하여 결국 오리온을 죽이고 맙니다.

오리온을 좋아한 아르테미스는 나중에야 오빠 아폴론의 계략

에 넘어가 오리온을 죽였다는 사실을 알고 매우 슬퍼했습니다.

그리하여 그녀는 죽은 사람도 살려 낸다는 유명한 의사 아스클레피오스에게 부탁하여 오리온을 다시 살려냈습니다.

그러자 지하 세계의 왕인 하이데스는 제우스에게 '죽은 사람을 마음대로 살리면 안 된다'고 호소했습니다.

제우스 또한 하이데스와 생각이 같았으므로 다시 한 번 오리온과 아스클레피오스를 번갯불로 죽였습니다.

그리고 이 두 사람을 하늘로 올려 별자리로 만들었습니다. 이때 전갈도 하늘로 올라가 별자리가 되었습니다. 이렇게 하여 오리온자리, 뱀주인자리, 전갈자리가 생겨나게 된 것입니다.

밤하늘을 자세히 들여다보면 지금도 전갈이 오리온을 죽이기 위해 쫓고 있는 것처럼 보입니다.

그러나 전갈은 오리온을 결코 죽이지 못합니다.

전갈자리가 동쪽 하늘에 모습을 나타낼 무렵이면 오리온자리는 하늘에서 보이지 않게 되고, 전갈자리가 서쪽으로 지는 늦가을이 오기 전에는 오리온자리가 동쪽에서 올라오지 않기 때문입니다.

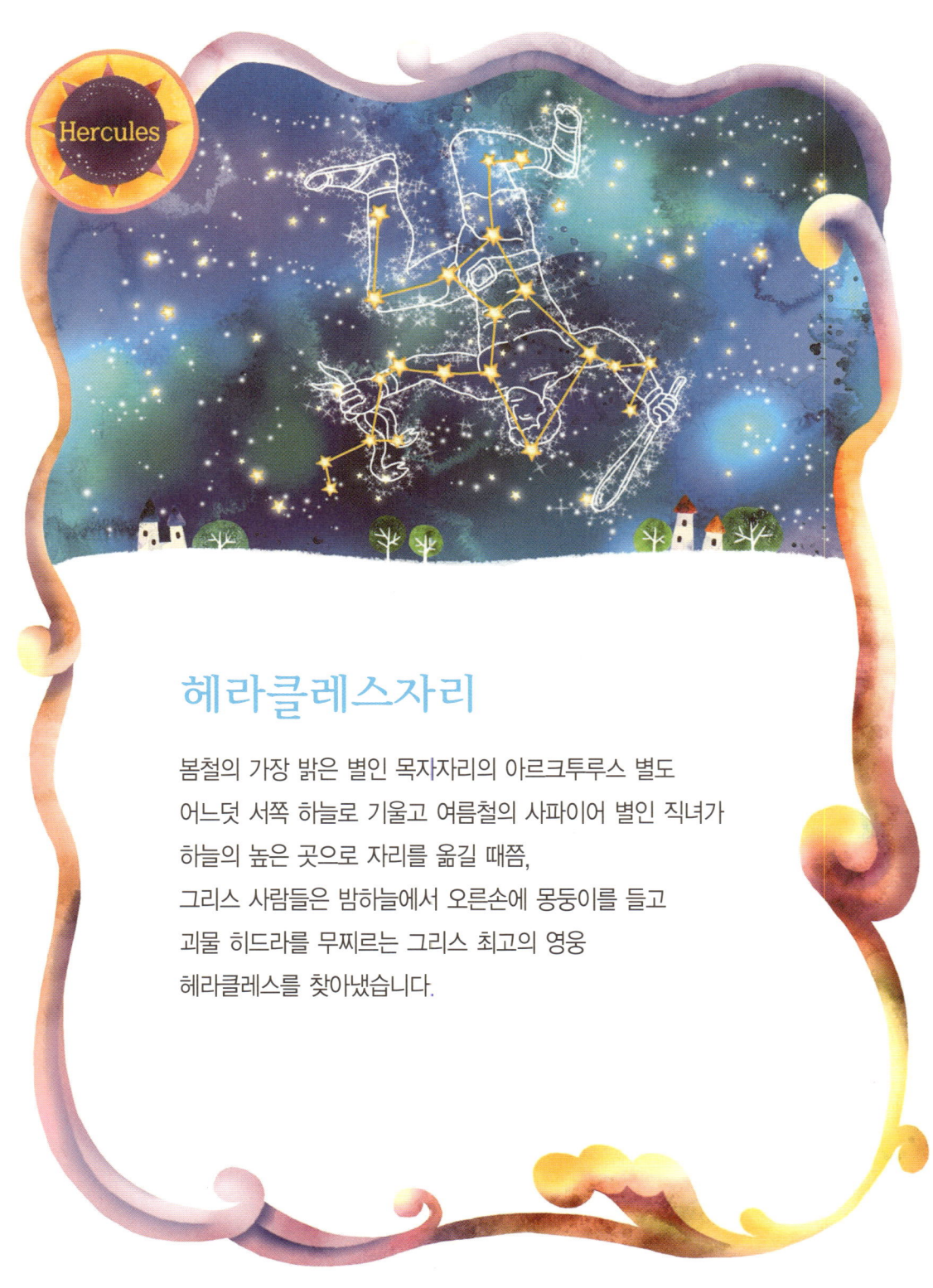

헤라클레스자리

봄철의 가장 밝은 별인 목자자리의 아르크투루스 별도
어느덧 서쪽 하늘로 기울고 여름철의 사파이어 별인 직녀가
하늘의 높은 곳으로 자리를 옮길 때쯤,
그리스 사람들은 밤하늘에서 오른손에 몽둥이를 들고
괴물 히드라를 무찌르는 그리스 최고의 영웅
헤라클레스를 찾아냈습니다.

하늘을 거꾸로 걷는
그리스 최고의 영웅

　헤라클레스는 신들의 제왕 제우스와 미케네의 왕비 알크메네 사이에서 태어난 아들입니다.
　여신 헤라는 헤라클레스가 태어나기 전에 미케네의 왕궁에서 제우스로부터 다음에 태어나는 아이를 왕으로 삼겠다는 맹세를 받았습니다.
　제우스는 헤라클레스가 태어날 것을 알고 헤라의 말에 따랐으나, 헤라는 계략을 써서 헤라클레스의 출생을 늦추고 에우리스테스라는 왕자를 먼저 낳게 했습니다.
　제우스와 인간 사이에서 태어난 자식들에게 나쁜 마음을 품고 있던 헤라는 헤라클레스가 태어난 후에도 그 미움이 계속되어, 요람에 누워 있는 그를 죽이기 위해 독사 두 마리를 넣었습니다.

하지만 갓난아기인 헤라클레스는 독사를 무서워하지 않고 오히려 독사를 목 졸라 죽여 버렸습니다.

헤라클레스는 어른이 된 후에도 헤라 여신의 저주에서 벗어나지 못해 마침내 사랑하는 아내와 아들들까지 죽이고 말았습니다.

그 후 헤라클레스는 그 죄에 대한 대가로 에우리스테스의 명령을 받고 열두 가지 모험을 하게 되었습니다.

그 첫 번째 모험은 네메아 골짜기의 황금사자를 죽이는 일이었습니다.

이 황금사자는 어떠한 무기로도 뚫을 수 없는 가죽을 가진 괴물 사자였지만, 결국 헤라클레스는 사자를 처치하고 난 뒤 가죽을 벗겨 그것을 뒤집어쓰고 나타납니다.

그 후 제우스는 아들 헤라클레스의 공적을 기리기 위해 사자의 영혼을 하늘에 올려 사자자리를 만들었습니다.

두 번째 모험은 레르나 늪에 사는 아홉 개의 머리를 가진 물뱀 히드라를 해치우는 것이었습니다.

헤라클레스는 한 달 간의 결투 끝에 조카 이올라오스의 도움을 받아 결국 아홉 개의 머리를 가진 히드라를 물리쳤습니다.

제우스는 이 물뱀도 하늘에 올려 바다뱀자리를 만들어 주었습니다.

세 번째 모험은 상상할 수 없을 정도로 빠른 아르테미스 여신의 수사슴을 사로잡아 오는 것이었습니다.

헤라클레스는 황금 뿔을 가진 그 수사슴이 너무도 아름다워 상처 하나 내지 않고 생포해 에우리스테스 왕에게 가져갔으며, 네 번째 모험으로 도깨비보다 더 강한 에휘만토스의 멧돼지를 사로잡았습니다.

다섯 번째는 30년 동안이나 청소가 안 된 아우게이아스 왕의 외양간을 하루 만에 청소하는 것이었는데, 헤라클레스는 주위의 강물을 끌어들여 이 외양간을 깨끗이 청소했습니다.

스팀필리아의 숲에서 칼날과 같은 날개와 황동부리로 지나가는 여행자를 잡아먹는 괴물 새를 처지하는 것이 여섯 번째 모험이었는데, 헤라클레스는 아테네의 신이 준 요술 방울로 괴물 새를 둥지에서 몰아내 활로 쏘아 죽여 버렸습니다.

그 후 헤라클레스는 불을 토하는 크레타 섬의 괴물 소를 굴복시키고 트라키아 왕 디오메데스의 식인 말을 사로잡아 왔으며, 터

키에 사는 아마존 여왕의 요술 허리띠를 빼앗아 왔습니다.

그는 또 세 개의 머리와 여섯 개의 팔을 가진 괴물 게리온을 물리치고 붉은 소를 잡아 왔으며, 거인 아틀라스의 헤스페리데스 정원에서 용이 지키는 황금사과를 가져왔습니다.

그리고 세 개의 머리를 가지고 있으면서 지옥의 문을 지키던 개 케르베로스를 잡아 오는 것을 마지막으로 열두 가지의 모험을 끝내고 에우리스테스 왕의 지배에서 벗어나는 동시에 가족을 죽인 죄를 씻게 되었습니다.

물론 헤라클레스의 업적은 이것만이 아니었습니다.

그의 조상인 프로메테우스의 간을 쪼아 먹은 독수리를 죽였으며, 강의 신을 굴복시켜 아름다운 소녀 데자니라를 구해내기도 했습니다.

그 후 헤라클레스는 데자니라와 결혼을 했는데, 결국 이 결혼이 헤라클레스의 죽음을 불러오고야 말았습니다.

어느 날 헤라클레스는 강을 건너면서 반은 사람이고 반은 말인 켄타우루스 족의 네수스라는 사람에게 아내 데자니라를 건네 줄 것을 부탁했습니다.

그런데 물 속에 살던 네수스는 강 한가운데에 이르자 갑자기 데자니라를 데리고 강물 밑으로 도망을 치기 시작했습니다.

아내의 비명 소리를 들은 헤라클레스는 히드라의 독이 묻은 화살을 뽑아 단 한 번에 네수스의 심장을 꿰뚫어 버렸습니다.

네수스는 숨을 거두기 전에 피 묻은 상의를 데자니라에게 주면서 이것이 헤라클레스의 사랑을 영원히 지켜줄 것이라고 말했습니다.

그리고 언젠가 헤라클레스의 사랑이 식었다고 느껴질 때 이 피 묻은 상의를 헤라클레스에게 입히면 틀림없이 그 사랑이 되돌아올 것이라고 하면서 숨을 거두었습니다.

데자니라는 그 피 묻은 옷을 헤라클레스 몰래 숨겨 두었습니다.

그리고 몇 년이 지나 헤라클레스가 노예 소녀에게 빠져 자기에 대한 사랑이 식었다고 오해를 한 데자니라는 보관해 두었던 네수스의 피 묻은 상의를 남편에게 입혔습니다.

그런데 이것이 바로 네수스의 함정이었던 것입니다.

헤라클레스는 그 옷을 입자마자 자신이 속은 것을 알았습니다.

그리스 최고의 영웅인 헤라클레스도 네수스의 증오와 더불어 히드라의 독이 몸 속으로 깊이 파고 들어가자 더 이상 견딜 수가 없었습니다.

그는 높은 산에 올라가 자신의 장례 준비를 하였습니다.

헤라클레스는 자신과 함께 많은 모험을 이겨 냈던 믿음직한 무기 몽둥이를 들고 어깨에는 사자 가죽을 걸친 채 장작불 속으로 뛰어들었습니다.

천하에 둘도 없는 영웅이었지만 그의 죽음은 가련하기 짝이 없었습니다.

또한 뜻밖의 사태에 깜짝 놀란 데자니라도 헤라클레스가 죽었다는 슬픔을 이기지 못해 자살해 버렸습니다.

그때 하늘에서 이 모습을 내려다보던 제우스는 불 속에서 아들 헤라클레스를 꺼내 하늘에 올려 별자리로 만들었습니다. 이것이 바로 '헤라클레스자리' 입니다.

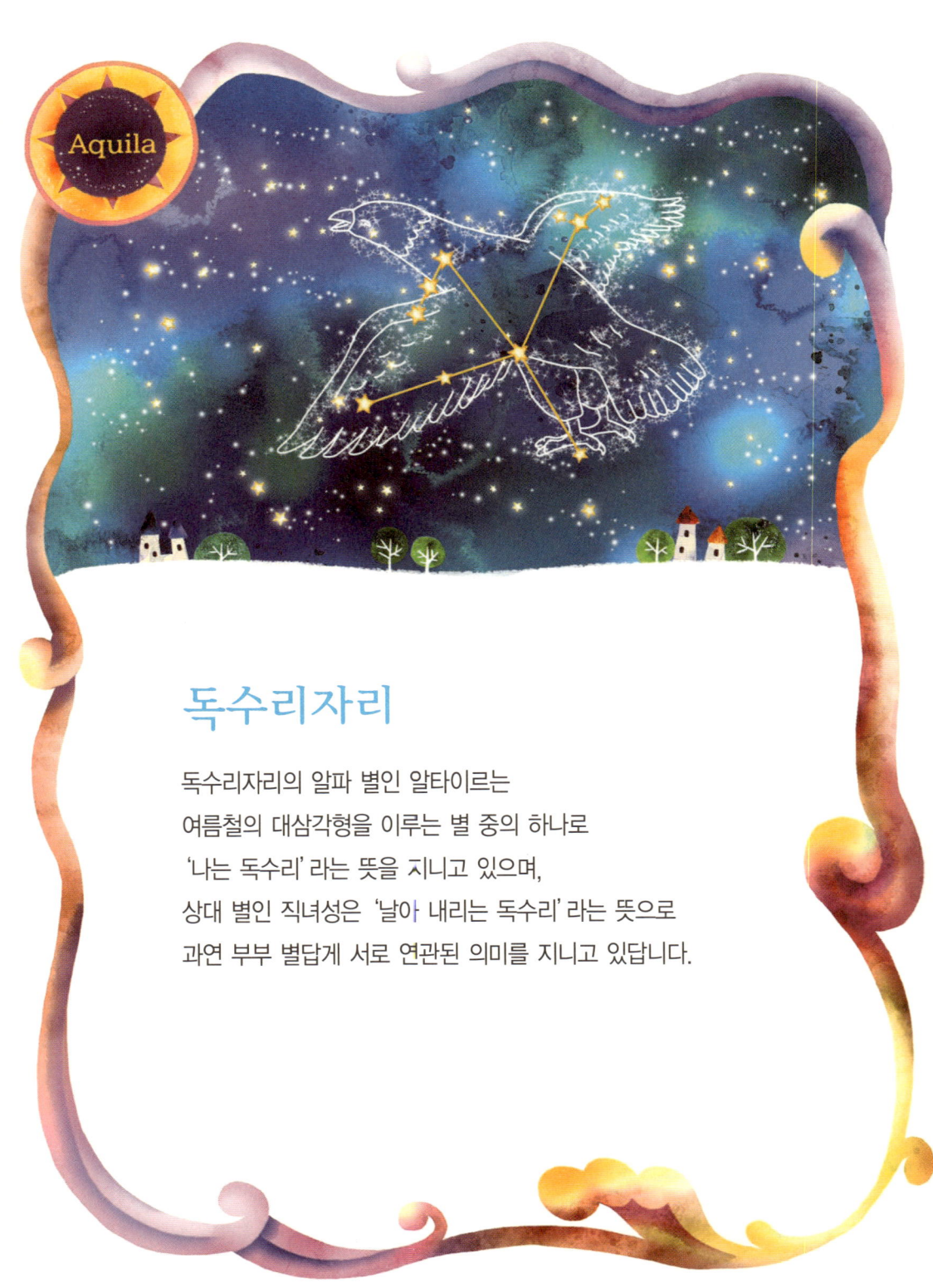

독수리자리

독수리자리의 알파 별인 알타이르는
여름철의 대삼각형을 이루는 별 중의 하나로
'나는 독수리' 라는 뜻을 지니고 있으며,
상대 별인 직녀성은 '날아 내리는 독수리' 라는 뜻으로
과연 부부 별답게 서로 연관된 의미를 지니고 있답니다.

일 년에 한 번 만나 흘리는 눈물

하늘 나라의 옥황상제에게 직녀라는 어여쁜 딸이 있었습니다.

직녀는 옷감을 짜는 여신으로 하루 종일 베틀에 앉아 아름다운 색실로 옷감을 짜 나갔습니다.

직녀가 짜는 옷감은 하늘의 별자리, 태양빛, 그림자 등을 무늬로 하여 짰기 때문에 너무나 아름다웠습니다. 하늘에 흘러다니는 별들도 그녀가 짠 옷감을 보기 위해 멈추어 설 정도였으니까요.

이런 칭찬을 들을 때에도 직녀는 그저 미소만 지을 뿐 아무런 대꾸도 없이 옷감 짜는 일에만 몰두할 뿐이었습니다.

세월이 흐르면서 옷감 짜는 일에 싫증을 느낀 직녀는 베틀의 북을 내려놓고 창가에 넘실거리는 은하수만 하염없이 바라보곤 했습니다.

그러던 어느 날, 직녀는 양 떼와 소 떼를 몰고 은하수 사이를 지나가는 한 목동을 발견했습니다.

직녀는 그와 눈이 마주치는 순간 한눈에 자신의 인연이라는 생각이 들었습니다. 그리하여 아버지인 옥황상제께 아뢰어 그 목동과 결혼시켜 달라고 부탁했습니다.

옥황상제 또한 견우라는 목동을 오래 전부터 눈여겨보아 오던 터였습니다. 영리하고 착한 그는 하늘 나라의 가축들을 잘 돌보았습니다.

옥황상제는 딸의 청을 받아들여 서둘러 둘을 결혼시켰습니다.

견우와 직녀는 결혼하여 행복한 나날을 보냈습니다. 그런데 부부가 된 그들은 너무나 행복한 나머지 한시도 떨어져 있으려 하지 않았습니다.

견우는 가축 치는 일을, 직녀는 옷감 짜는 일을 거들떠보지도 않고 둘이서 놀기만 했습니다.

옥황상제는 주의를 주기 위해 견우와 직녀를 불러들였습니다.

"다시 한 번 너희들이 할 일을 게을리하면 큰 벌을 내릴 것이다. 알겠느냐?"

"명심하겠습니다!"

견우와 직녀는 옥황상제 앞에서 굳게 약속을 하고 물러 나왔습니다. 하지만 둘은 며칠도 못 가서 또 자신들의 일을 소홀히 한 채 둘만의 시간을 보냈습니다.

견우와 직녀는 잠시라도 떨어져 있으면 아무 일도 하지 못하고 사랑하는 사람이 있는 곳만 바라보았습니다.

마침내 옥황상제는 머리끝까지 화가 치솟았습니다.

그래서 그들을 영원히 떼어 놓기 위해 견우는 은하수 건너편으로 쫓아내고 직녀는 성에 쓸쓸히 남아 베를 짜게 했습니다.

둘은 자신들의 잘못을 뉘우치며 용서해 달라고 간곡히 빌었지만, 이미 화가 날 대로 난 옥황상제는 마음을 바꾸지 않았습니다.

견우와 헤어진 직녀는 베틀에 앉아 옷감을 짜면서도 쉴 새 없이 눈물을 흘렸으며 견우도 마찬가지였습니다.

사랑하는 사람을 볼 수 없게 되자 직녀는 날이 갈수록 수척해져 갔습니다.

옥황상제는 그런 딸의 모습을 보다 못해 일 년에 단 한 번 7월 7일 밤에만 강을 건너 서로 만날 수 있도록 허락했습니다.

그날이 바로 '칠월 칠석날'로, 이날 비가 오지 않으면 까치

들이 다리를 놓아 둘은 하늘의 강을 건너 서로 사랑을 나누었습니다.

만일 이날 비가 내리면 하늘 나라의 강물(은하수)이 불어나 배가 뜨지 못해 다시 일 년을 기다려야 했습니다.

예로부터 칠월 칠석이 되면 비가 오는 날이 많았습니다. 그 까닭은 일 년에 한 번 만나는 견우와 직녀가 흘리는 기쁨의 눈물이 비가 되어 내리기 때문이라고 합니다.

거문고자리

거문고자리는 여름 밤하늘의 작은 부분을 차지하고 있지만,
아름다운 직녀성 베가를 간직하고 있어
많은 사람들의 사랑을 받고 있답니다.
직녀성 베가는 목자자리의 알파 별인 아르크투루스와
왕관자리의 알파 별인 겜마를 이은 직선을 두 배 정도 연장하면
은하수 바로 위에서 푸른색으로 밝게 빛나는 별입니다.

슬픈 오르페우스의 노래

죽음의 나라로 향하는 여행길은 몹시 춥고도 먼 길이었습니다.

바람도 없고 아무 소리도 없는 동굴 속의 세계, 이런 길을 걷고 있는 오르페우스의 마음을 더욱 불안하게 하는 것은 때때로 푸르스름한 빛을 발하면서 어디선가 나타났다가는 희미하게 사라져 버리는 사자(死者)들의 혼의 불이었습니다.

어떤 것은 오르페우스에게 무서운 이빨을 드러내 보였고, 또 어떤 것은 세상에서는 들어 본 적이 없는 슬픈 목소리로 마냥 울기만 하는 것이었습니다.

그때마다 오르페우스는 다리가 휘청거리며 온몸이 오싹해졌습니다. 아버지인 아폴론에게서 물려받은 하프를 소중하게 꼭 껴안고 있었지만 불길한 기분을 떨쳐 버리지는 못했습니다.

그렇지만 오르페우스는 무슨 수를 써서라도 세상에서 자기가 제일 사랑하는 아내 에우리디케를 이 죽음의 나라에서 지상으로 데려가고 싶었습니다.
'그날 내가 이 하프만 가져가지 않았더라면……'
오르페우스는 입술을 깨물면서 계속 동굴 속의 어둠을 뚫고 하염없이 밑으로 내려갔습니다.

오르페우스는 어머니 카리오페를 닮아 목소리가 무척 아름다웠으며, 또 아버지 아폴론 신으로부터 배운 하프 솜씨는 아무도 따를 자가 없었습니다.
그가 노래를 부르고 하프를 연주하면 생명이 없는 바위도 감동을 하고, 초목과 짐승들도 귀를 기울였으며, 바람도 강물의 흐름을 멈추었습니다.
오르페우스는 아름다운 에우리디케라는 아내를 맞아 더없이 행복한 나날을 보냈습니다.
오르페우스와 에우리디케가 헤어진 그날은 아주 맑고 화창한 날이었습니다. 오르페우스와 에우리디케는 온종일 들판에서 음악을 즐기기 위해 산들바람이 부는 초원을 찾았습니다.

그리고 오르페우스의 하프 연주에 맞추어 에우리디케는 아름다운 목소리로 노래를 불렀습니다.

오르페우스가 장난으로 하프를 퉁기자 주위의 나무와 바위가 움직이는 바람에 에우리디케는 깜짝 놀랐습니다.

두 사람은 행복한 하루를 보내고 있었습니다.

새나 짐승들도 초원에 내리쬐는 햇살과 같이 다정하고 행복해 보이는 두 사람을 부러워하고 있었습니다.

그러나 이렇게 아름답고 평화로운 곳에도 사악한 마음을 가진 자는 있게 마련인가 봅니다. 특히 하프 소리를 제일 싫어하는 독사 코브라는 두 사람의 행복을 전부터 시기하고 있었기 때문에 기분이 언짢아져 바위 그늘에 누워 쉬고 있었습니다.

"딸기 좀 따 올게요."

그때 에우리디케가 딸기를 따기 위해 언덕 위로 올라갔습니다.

"에우리디케, 같이 가요."

오르페우스는 하프를 켜던 손을 멈추고 아내를 불렀습니다. 그러자 에우리디케는 큰 소리로 웃으며 더욱 빨리 달려갔습니다.

"좋아! 내 말을 듣지 않는단 말이지. 그렇다면 내게도 생각이 있지."

오르페우스는 하프 소리로 앞에 있는 큰 바위를 움직여 길을

막으려 했습니다. 그러자 그렇지 않아도 두 사람을 불쾌하게 생각하고 있던 코브라는 자기가 누워 있던 곳의 바위를 움직여 그늘이 없어지자 화가 치밀었습니다.

그리하여 그때 막 그곳을 지나가는 에우리디케의 다리를 꽉 물어 버렸습니다. 뱀의 독은 순식간에 에우리디케의 온몸에 퍼졌으며, 초원에 쓰러진 그녀는 곧 죽음의 나라로 끌려갔습니다.

사랑하는 에우리디케를 잃은 오르페우스는 슬픔에 잠겼습니다. 그는 신들과 세상의 모든 것을 향해 애절하게 노래를 불렀습니다. 그러나 아무리 간절한 마음을 담아 노래를 부르고 눈물을 흘려도 에우리디케는 꼼짝도 하지 않았습니다.

숲 속의 동물들과 새들은 갈수록 초췌해지는 오르페우스를 쳐다보며 한숨을 내쉬었습니다.

아내를 몹시 사랑한 오르페우스는 죽음의 나라로 가서 아내를 찾아오기로 결심했습니다.

오르페우스는 사랑하는 아내 에우리디케를 찾아가기 위해 죽을 고생을 하며 죽음의 나라에 도착했습니다.

저승의 강의 뱃사공은 하프 소리에 맞춰 노래를 부르는 그의 슬픈 목소리를 듣고 오르페우스를 건너게 해 주었습니다. 지옥의 문지기 개인 케르베로스도 잠자코 있었고, 사자들도 그가 들어가는 것을 막지 않았습니다. 이 모두가 신비스런 하프 소리와 그의 아름다운 목소리 덕분이었습니다.

오르페우스는 지하 세계의 왕인 하이데스와 그의 아내 페르세포네 앞에서 아내 에우리디케를 다시 살려 줄 것을 눈물로 간청했습니다.

"하이데스 대왕님, 제발 제 아내를 돌려주십시오. 다시 한 번 지상의 광명 속으로 보내 주십시오."

"안 돼!"

"아내를 돌려줄 수 없다면 저도 이 나라에 있게 해 주십시오."

"살아 있는 자는 이곳에 둘 수가 없다. 케르베로스에게 갈기갈기 찢겨 죽어도 좋다면 모르지만……."

아무리 애원해도 하이데스 왕은 에우리디케를 되돌려 주려 하지 않았습니다.

"그렇다면 대왕님, 이 자리에서 아내가 좋아하는 음악만이라도 연주할 수 있게 해 주십시오. 이 나라 안 어딘가에 있는 아내가 제가 연주하는 음악을 듣는다면 조금이나마 마음의 위안이 될 것입니다."
"좋다! 연주를 허락하마."
이렇게 하여 오르페우스는 조용히 하프를 연주하기 시작했습니다.

> 나는 잃었다. 금발의 머리를
> 나는 잃었다. 장미의 입술을
> 금발 머리가 나의 마음을 녹인다.
> 그런 즐거운 나날들을 눈 깜짝할 사이에
> 나는 잃었다. 나의 모든 것을
> 나는 잃었다. 영원한 사랑을······.

하이데스 왕은 정성을 다해 연주하는 오르페우스의 모습과 아름다운 하프 소리에 감동하여 그만 고개를 떨구었습니다.
"좋다! 아내를 사랑하는 아름다운 너의 마음을 받아들여 이번 한

번만 네 소원을 들어주마. 그러나 한 가지 조건이 있다. 세상으로 나가기 전에는 절대로 아내를 보려고 뒤돌아보아선 안 된다. 그때에는 모든 일이 물거품이 되고 말 것이다. 알겠느냐?"

"예, 잘 알겠습니다."

오르페우스는 하늘에라도 오를 듯한 기쁜 마음을 억누르며 다시 지하 세계와 땅 위의 세상이 통하는 동굴 속으로 걸어갔습니다.

걸어가는 도중에 몇 번인가 사자들의 혼 그림자를 만났지만 조금도 무섭게 느껴지지 않았습니다.

얼마 후, 오르페우스의 눈앞에 동굴 입구로 희미하게 새어드는 세상의 빛이 보이기 시작했습니다. 바다 내음도 어렴풋이 코끝에 와 닿았습니다. 이제 두 사람은 세상 가까이까지 도달한 것입니다.

그러자 오르페우스는 아내가 보고 싶은 마음을 더 이상 참지 못하고

"아, 이젠 에우리디케의 얼굴을 보아도 괜찮겠지?"

하면서 뒤돌아섰습니다.

그 순간 에우리디케의 모습이 잠깐 보이는 듯싶더니 그 모습은 아주 빠른 속도로 뒤로 물러서면서 연기처럼 사라져 버리고 말았

습니다.

"아, 안 돼. 가면 안 돼, 에우리디케!"

오르페우스는 절박한 심정으로 뒤쫓아 달려갔으나 때는 이미 늦었습니다.

다시 혼자가 된 오르페우스는 에우리디케 생각만 하며 일 주일 동안 아무것도 먹지 않고 잠도 자지 않았습니다.

이제 다시 아내를 볼 수 없다는 생각에 너무 슬픈 나머지 정신마저 이상해졌습니다.

이 모습을 본 트라키아의 여자들은 오르페우스를 위로했으나 그는 그녀들의 위로조차 받으려고 하지 않았습니다.

그러던 어느 날, 술의 신인 디오니소스의 축제날 술에 취한 트라키아 여자들의 돌에 맞은 오르페우스는 하프를 품에 안은 채 쓰러졌습니다.

트라키아의 여자들은 오르페우스의 손에서 하프를 빼앗아 헤부론 강에 던져 버렸습니다.

하이데스 왕과의 약속을 어기기는 했지만, 그래도 그의 처지를 불쌍히 여긴 신들은 오르페우스의 시신을 거두어 정성껏 묻어 주었습니다.

　오르페우스가 묻혀 있는 숲에서는 지금도 밤이면 세상에서 가장 슬프면서도 아름다운 두견새의 울음소리가 들린다고 합니다.

　한편, 강물에 던져진 하프는 슬픈 소리를 내면서 멀리 바다까지 흘러내려갔습니다.

　이 모습을 본 제우스 신은 오르페우스의 품을 떠나 외롭게 흘러가는 하프를 건져 내어 밤하늘의 별자리로 만들었습니다.

　이것이 바로 '거문고자리' 입니다.

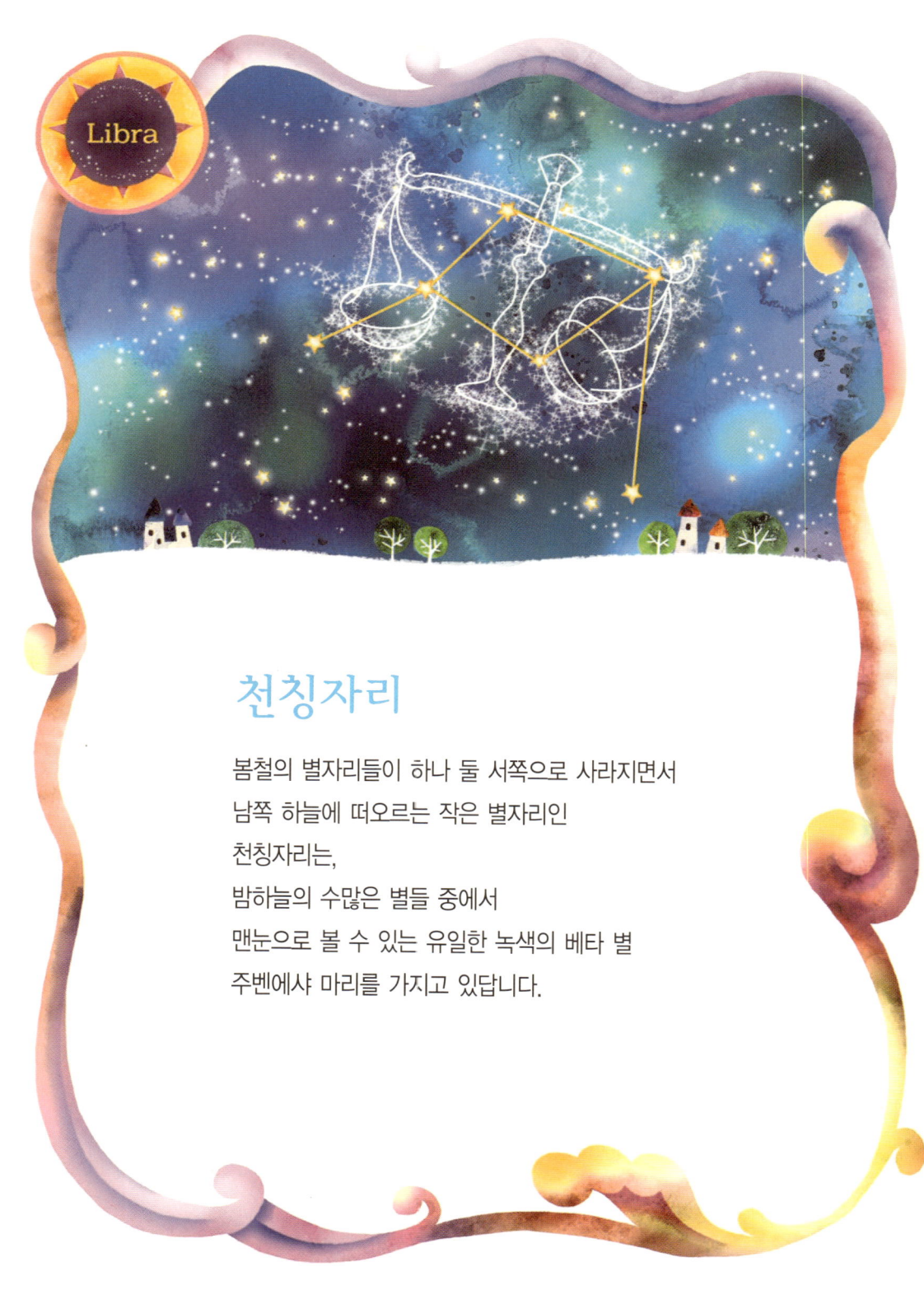

천칭자리

봄철의 별자리들이 하나 둘 서쪽으로 사라지면서
남쪽 하늘에 떠오르는 작은 별자리인
천칭자리는,
밤하늘의 수많은 별들 중에서
맨눈으로 볼 수 있는 유일한 녹색의 베타 별
주벤에샤 마리를 가지고 있답니다.

선악을 재는 천칭

아주 평화로웠던 먼 옛날에는 사람들의 가슴속에 정의와 진리가 가득 넘쳐났습니다. 남에게 해를 입히거나 서로 싸우는 일도 없었습니다.

이때는 황금의 시대로 기후는 일 년 내내 봄처럼 따뜻했고 곡식과 과일들은 먹고 남을 정도로 충분하여 사람들은 풍요로운 생활을 하며 살았습니다.

그 후 세월이 흐르면서 사람들이 점점 많아지고 세상도 바뀌어 은의 시대가 되었습니다.

이때 제우스는 봄만 계속되던 1년을 4등분하여 서로 다른 계절을 만들었습니다. 인간들은 이렇듯 변화하는 계절에 맞추어 살아갈 궁리를 해야만 했습니다.

가장 중요한 문제는 음식을 구하는 것이었습니다.

추운 겨울에는 모든 열매들이 얼어붙고 동물들은 추위를 피해 몸을 숨겼으므로 먹고 싶은 것을 마음대로 구할 수가 없었습니다.

인간들은 밭을 갈아 씨를 뿌리고, 거두어들인 곡식을 모아 두기 시작했습니다.

또한 한겨울에는 추위를 타지 않기 위해 짐승의 가죽으로 옷을 만들어 입었으며, 밤에는 추위를 피하여 동굴 속에서 잠을 잤습니다.

동굴은 여름에는 더위를 피하고 겨울에는 추위를 피하기에 안성맞춤이었습니다.

사람들은 차츰 그 수가 늘어나자 동굴과 같은 모양의 집을 많이 만들어 그곳에서 생활했습니다.

세월이 흘러 사람들이 더욱 늘어나게 되자 먹을 것이 부족했습니다. 그러다 보니 모자랄 때를 대비해서 곡식을 지나치게 많이 모으려는 욕심쟁이가 생겨났습니다.

그래도 다가올 다음 시대에 비하면 지금은 그런대로 살기 좋은 시절이었습니다.

그 후 청동의 시대가 오자 정의도 진리도 모두 사라져 점점 황

폐해져 갔습니다.

　사람들은 저마다 욕심을 채우기 위해 거짓말을 하고 폭력을 일삼았으며, 강한 사람들은 힘이 약한 사람들을 짓밟아 노예로 삼았습니다.

　또한 갈수록 서로 더 많은 것을 가지기 위해 싸움을 그치지 않았으며, 더욱 단단한 무기를 만들어 서로를 죽이는 데 사용하였습니다. 땅 위 세상은 그야말로 끔찍한 살인장이나 다름없었습니다.

　땅 위에서 인간과 섞여 같이 살던 신들은 마침내 악으로 물든 인간 세상에 싫증을 느끼고 하나 둘 하늘로 돌아갔습니다.

　하지만 정의의 여신인 아스트레아만은 끝까지 인간을 믿고 사랑과 성실을 일깨워 주려고 노력했습니다.

　"여러분, 지금처럼 정의가 계속 짓밟힌다면 여러분은 모두 큰 어려움을 겪게 될 거예요."

　정의의 여신 아스트레아에게는 인간의 선악을 잴 수 있는 천칭이 있었는데 한쪽 접시에는 인간의 양심을, 또 다른 접시에는 정의의 깃을 얹어서 선악을 판단했습니다.

　여신의 이러한 행동에 불만을 품은 인간들은 누구의 말도 믿지 않고 서로 눈치를 보며 경계하기에 바빴습니다.

인간을 돕기에는 자신의 능력이 턱없이 부족하다고 느낀 아스트레아도 결국 인간들을 내버려 둔 채 하늘로 올라갔습니다.

오른손에는 정의의 깃을, 왼손에는 보리 이삭을 든 모습을 하고 있는 아스트레아는 하늘로 올라갈 때 주머니에 보리 이삭을 가득 담아 갔다고 합니다.

그런데 못된 인간들이 주머니에 구멍을 뚫어 놓는 바람에 그만 보리 이삭이 전부 쏟아져 버리고 말았습니다.

이때 떨어진 보리 이삭이 밤하늘의 은하수가 되었다고 합니다.

또 아스트레아 여신이 인간의 선행을 잴 때 사용한 천칭도 하늘로 올라가 별자리가 되었는데, 이것이 바로 '천칭자리' 입니다.

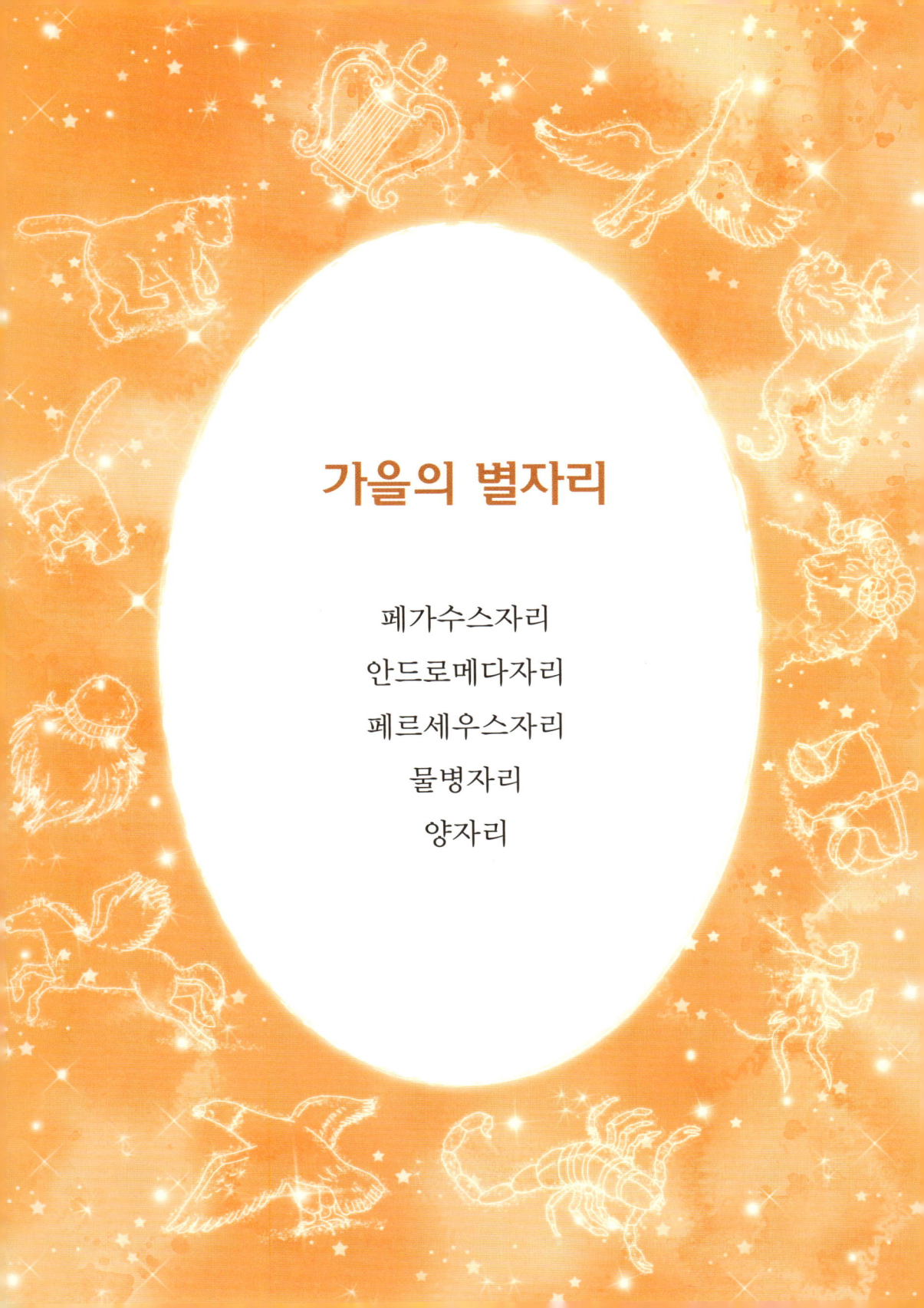

가을의 별자리

페가수스자리
안드로메다자리
페르세우스자리
물병자리
양자리

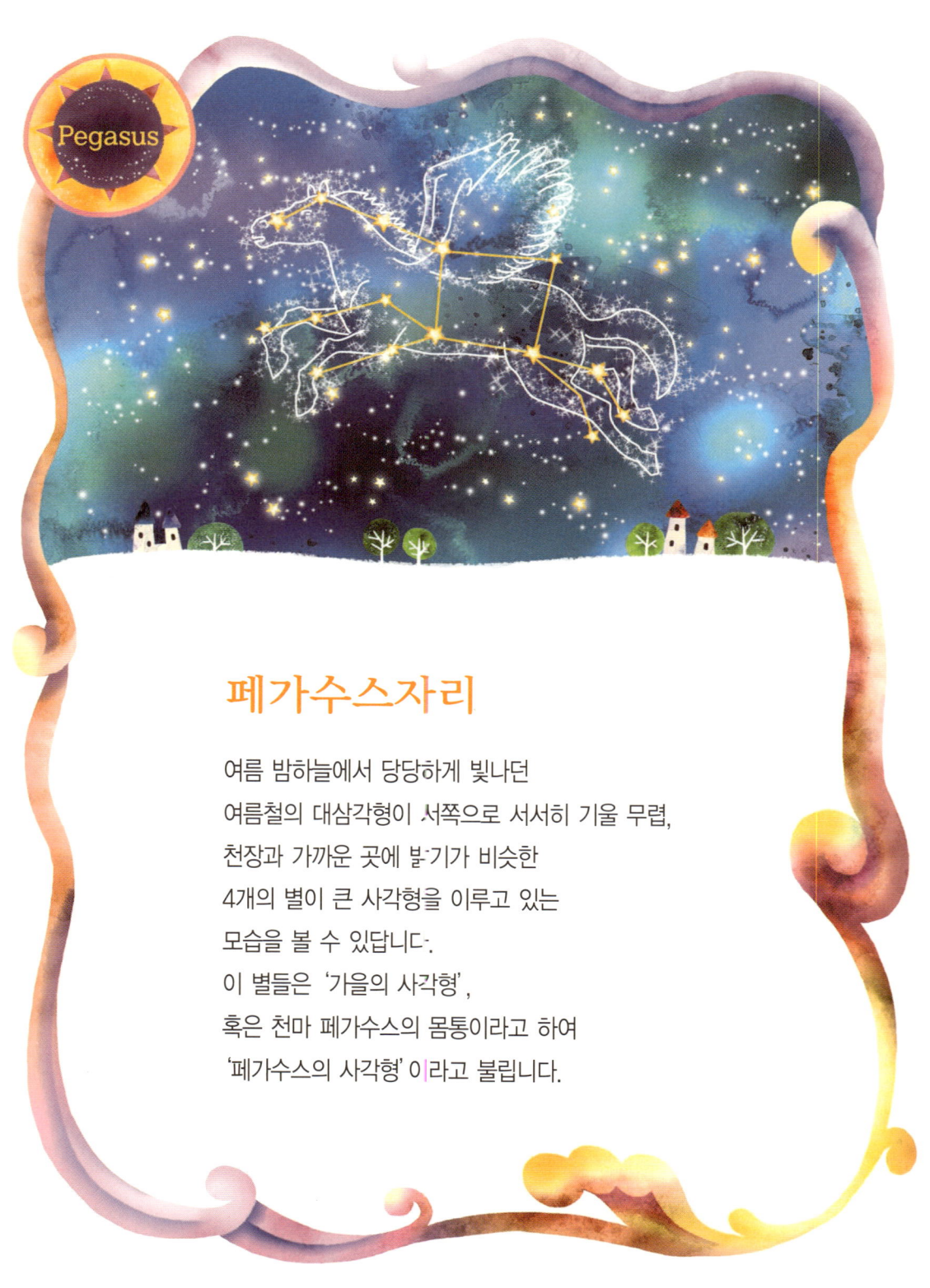

페가수스자리

여름 밤하늘에서 당당하게 빛나던
여름철의 대삼각형이 서쪽으로 서서히 기울 무렵,
천장과 가까운 곳에 밝기가 비슷한
4개의 별이 큰 사각형을 이루고 있는
모습을 볼 수 있답니다.
이 별들은 '가을의 사각형',
혹은 천마 페가수스의 몸통이라고 하여
'페가수스의 사각형'이라고 불립니다.

벨레로폰과 천마 페가수스

　메두사는 원래 아름다운 여인이었으나 자신의 아름다움을 너무 자랑한 나머지 아테나 여신의 미움을 사 머리가 모두 뱀으로 변한 괴물로, 그녀의 눈을 한번 쳐다본 사람은 모두 돌로 변하게 만드는 무서운 마력을 가지고 있었습니다.

　세리포스 섬을 다스리는 폴리덱테스 왕에게 메두사의 머리를 갖다 바치기로 약속한 페르세우스는 동굴 속에서 잠들어 있는 메두사의 머리를 칼로 힘껏 내리쳤습니다.

　페르세우스는 메두사의 머리가 든 가죽주머니를 들고 하늘로 날아올랐습니다. 그때 메두사의 머리에서 피가 흘러 바다로 떨어졌습니다.

　메두사가 아름다운 처녀였을 때 그녀를 사랑했던 바다의 신 포세이돈은 그녀의 죽음을 무척 안타까워했습니다. 그리하여 그녀의 피와 바다의 물거품으로 하늘을 나는 천마 페가수스를 만들었습니다.

그 후 페르세우스로부터 자유로워진 페가수스는 아테나 여신의 손에 자라다가 후에 음악과 무용의 여신인 뮤즈들의 사랑을 받으며 자랐습니다.

이 무렵 코린토스의 왕 글라우코스에게 벨레로폰이라는 왕자가 있었습니다. 늠름하게 생긴 벨레로폰은 많은 사람들로부터 사랑받는 멋진 청년이었습니다.

어느 날 벨레로폰은 피레네 샘에서 물을 마시고 있는 천마 페가수스를 보고 한눈에 반해 버렸습니다.

눈처럼 새하얀 털이 달빛을 받아 은빛으로 빛나는 모습이 너무나 아름다워 한참 동안 눈을 뗄 수가 없었습니다.

'너무나 멋진 말이다! 저런 말을 잘 길들여 마음껏 달릴 수 있다면 얼마나 좋을까!'

그 후로 벨레로폰은 자나깨나 페가수스의 모습이 눈앞에 어른거려 견딜 수가 없었습니다.

샘물 근처에서 두 번째로 피가수스를 발견한 벨레로폰은 가슴

이 두근거렸습니다. 그는 잠시 망설이다가 페가수스를 붙잡으려고 살금살금 다가갔습니다.

인기척을 느낀 페가수스는 날개를 퍼덕이며 번개처럼 재빨리 도망쳐 버렸습니다.

벨레로폰은 팔을 허우적거리며 뒤쫓아갔지만 하늘로 날아가 버리는 말을 잡을 수는 없었습니다.

벨레로폰은 그 자리에 털썩 주저앉았습니다. 그리고는 수호신인 여신 아테나에게 간절한 마음으로 기도를 드렸습니다.

"부디 제 소원을 들어주십시오. 제게 그 말을 길들일 수 있는 힘을 주십시오."

그러던 어느 날, 벨레로폰의 꿈속에 아테나 여신이 나타나 이렇게 말했습니다.

"페가수스에게 이 황금재갈을 물리면 소원이 이루어질 것입니다."

벨레로폰은 아테나 여신으로부터 황금재갈을 건네받았습니다. 그 순간 눈앞이 번쩍하며 강렬한 빛과 함께 아테나 여신이 사라져 버렸습니다.

벨레로폰은 팔로 눈을 가리며 빛을 피하다가 잠에서 깨어났습니다. 나무들 사이로 눈부신 아침 햇살이 비추고 있었습니다.

"아, 꿈이었구나!"

벨레로폰은 한숨이 나왔습니다.

그때 벨레로폰 바로 앞에 무언가 빛나고 있는 것이 보였습니다. 그것은 꿈속에서 아테나 여신에게 받은 바로 그 황금재갈이었습니다.

벨레로폰은 황금재갈을 두 손에 움켜쥐고 아테나 여신에게 감사의 기도를 올렸습니다.

이윽고 밤이 되었습니다.

벨레로폰은 피레네 샘 근처에서 페가수스가 나타나기를 기다렸습니다.

그때 푸덕거리는 날갯짓 소리와 함께 달빛을 받으며 하늘에서 새하얀 천마가 내려왔습니다.

벨레로폰은 한 손에 황금재갈을 쥐고 페가수스에게 살금살금 다가갔습니다. 그런데 페가수스는 벨레로폰을 힐끗 보고도 이상하게 도망갈 생각을 하지 않았습니다.

벨레로폰은 페가수스의 입에 손쉽게 재갈을 물리고 재빨리 올라탔습니다.

벨레로폰을 태운 페가수스는 힘차게 하늘로 날아올랐습니다.

그 후 벨레로폰과 페가수스는 둘도 없는 친구가 되었습니다.

벨레로폰은 말을 좋아하는 만큼 사냥도 매우 좋아하였습니다. 그러나 그것이 생각지도 않은 엄청난 비극을 불러올 줄은 몰랐습니다.

어느 날 사냥을 하러 나갔다가 사냥감을 노리고 쏜 벨레로폰의 화살에 동생 벨레오스가 맞았습니다. 그리고는 얼마 후 숨을 거두고 말았습니다.

벨레로폰은 이 일로 깊은 상처를 받았습니다. 자신의 부주의로 동생이 죽었다는 생각에 죄책감을 떨쳐 버릴 수가 없었습니다.

벨레로폰은 부모님에게 걱정을 끼쳐 드린 죄의 대가로 고향인 코린토스를 떠나 아르고스의 프로이토스 왕을 찾아갔습니다.

고향을 떠나 있으면 동생을 잃은 슬픔도 조금은 삭일 수 있을 거라고 생각했던 것입니다.

그러나 아르고스도 벨레로폰에게 평화를 주지만은 않았습니다.

프로이토스 왕은 그를 정중하게 맞아 주었습니다. 그런데 벨레로폰의 늠름한 모습에 반한 왕비 안티아가 그를 유혹했습니다.

어떤 남자라도 자신의 아름다움에 반해 접근해 오리라 기대했던 안티아는 벨레로폰이 전혀 그런 기색을 보이지 않자 자신이 완전히 무시당했다고 생각했습니다.

그리하여 왕에게,

"폐하, 벨레로폰이 저를 유혹했습니다. 그런 나쁜 놈을 살려 둔다면 폐하의 신변이 위험해질지도 모릅니다."

하고 거짓으로 일러바쳤습니다.

프로이토스 왕은 왕비의 말을 그대로 믿었습니다. 하지만 자신을 믿고 찾아온 손님을 죽일 수는 없었습니다.

한참을 궁리하던 그는 장인인 리키아의 왕 이오바테스에게 부탁하기로 했습니다.

"이 편지는 매우 중요한 것이오. 이것을 리키아의 왕에게 꼭 전해 주시오."

프로이토스 왕은 리키아의 왕에게 보내는 편지에 벨레로폰을 죽여 달라는 내용을 쓰고 그 편지를 벨레로폰에게 건네주었습니다.

아무것도 모르고 있는 벨레로폰은 편지를 갖고 이오바테스 왕이 사는 나라로 갔습니다.

"먼 길을 오시느라 수고가 많았소."

벨레로폰이 한 나라의 왕자이며 훌륭한 청년이라는 평판을 익히 듣고 있었기 때문에 이오바테스 왕은 기뻐하며 극진히 대접하였습니다.

이오바테스 왕은 관습에 따라 9일 동안 연회를 계속 벌인 뒤, 10일째 되는 날 사위가 보낸 편지를 뜯어 보고 깜짝 놀랐습니다.

'뭣이, 벨레로폰 왕자를 죽이라고? 이거 골치 아프게 되었군. 지금까지 잘 대접하다가 갑자기 무슨 이유로 죽인단 말인가!'

이오바테스 왕은 어떻게 해야 좋을지 궁리하던 중 한 가지 묘안이 떠올랐습니다.

그 무렵 리키아를 온통 뒤흔들어 놓은 키마이라라는 괴물이 있었는데, 묘안은 바로 그 괴물을 처치하는 일이었습니다.

키마이라는 머리는 사자, 몸은 염소, 꼬리는 용 모양으로 생긴 괴물로 입에서 불을 내뿜으며 온 나라를 쑥대밭으로 만들어 놓았습니다.

게다가 키마이라는 인간이나 가축 등 살아 있는 것을 뱃속의 불꽃을 내뿜어 태워 먹었으므로 사람들은 밖에도 나오지 못하고 두려움에 떨며 지냈습니다.

"당신은 뛰어난 용맹을 떨친 분이라고 들었소. 부디 이 무서운 괴물을 처치해 주시지 않겠소? 그렇게만 해 주신다면 나와 백성들은 당신의 은혜를 잊지 않겠소."

이오바테스 왕은 벨레로폰에게 간절히 부탁하였습니다.

만약 벨레로폰이 키마이라를 처치해 준다면 나라를 살리는 길이 될 테고, 실패하여 키마이라에 의해 목숨을 잃게 되면 사위의 부탁을 들어주게 되는 것이니, 결과가 어떻든 이오바테스 왕에게는 좋은 일이었습니다.

그런 이오바테스 왕의 속셈을 알 리 없는 벨레로폰은 기쁜 마음으로 대답했습니다.

"왕의 극진한 대접에 대한 보답으로 반드시 키마이라를 무찌르고 돌아오겠습니다."

벨레로폰은 하늘에 있는 페가수스를 불러 등에 올라탔습니다. 그리고는 하늘을 날아 키마이라가 숨어 있는 곳으로 갔습니다.

동굴 주위에는 역겨운 냄새가 진동했습니다. 키마이라도 벨레로폰이 온 것을 눈치 챈 것 같았습니다.

무시무시한 사자 머리를 치켜든 괴물 키마이라는 굵은 용 꼬리를 꿈틀거리며 한 입에 벨레로폰을 삼키려는 듯 커다란 입으로 불을 뿜으면서 달려 나왔습니다.

페가수스를 타고 번개처럼 하늘에서 내려온 벨레로폰은 재빨리 긴 창을 뽑아 키마이라를 향해 던졌습니다.

창은 정확히 키마이라의 사자 머리에 맞았습니다.

키마이라는 괴성을 지르며 몸을 이리저리 뒤틀며 날뛰더니 끝내 쓰러져 움직이지 않았습니다.

벨레로폰은 키마이라의 머리와 꼬리를 자른 뒤 다시 페가수스 등에 올라타고 이오바테스 왕의 궁전으로 돌아왔습니다.

"폐하, 이것이 키마이라의 머리와 꼬리입니다."

"아니, 벌써 키마이라를 처치했단 말이오? 정말 장하오."

이오바테스 왕은 깜짝 놀랐습니다.

키마이라를 처치해 주어 나라를 위해서는 무엇보다도 잘된 일이었지만 프로이토스 왕의 부탁을 들어주지 못한 것이 못내 마음

에 걸렸습니다.

　어떻게든 벨레로폰을 없애야겠다고 생각한 이오바테스 왕은 그에게 계속해서 위험한 일을 시켰습니다.

　그리하여 다시 벨레로폰을 야만적인 솔리모이 인이나 아마존의 여인족 등과 싸우게 하였습니다. 그러나 그때마다 천마 페가수스의 도움을 받아 벨레로폰은 반드시 이기고 돌아왔습니다. 벨레로폰을 이길 자는 아무도 없었습니다.

　더 이상 벨레로폰을 해칠 구실이 없어진 이오바테스 왕은 프로이토스 왕의 편지를 의심하기 시작했습니다. 그래서 은밀히 사람을 시켜 벨레로폰을 죽이려는 까닭을 알아보았습니다.

　이오바테스 왕은 프로이토스 왕의 왕비이자 자신의 딸인 안티아가 벨레로폰에게 원한을 품은 것이 원인이었다는 것을 알게 되었습니다.

　벨레로폰의 결백함을 알게 된 이오바테스 왕은 그를 진심으로 환영하며 자신의 딸과 결혼을 시켰습니다.

　왕의 후계자가 된 벨레로폰은 수많은 전쟁에 나가 승리를 거두자 점점 자만심에 빠졌습니다.

그리하여 자신이 신과 다를 바 없다고 생각하게 된 벨레로폰은 오만을 부려 페가수스를 타고 신들이 사는 나라로 올라가려 하였습니다.

이때 하늘에서 이 모습을 지켜보고 있던 신들의 제왕 제우스는 벨레로폰이 무척 괘씸하게 생각되었습니다.

"괘씸한 놈, 인간의 하찮은 재주로 신의 영역을 넘보다니……. 어디 혼 좀 나 봐라."

제우스는 즉시 엄청난 천둥 소리와 함께 번개를 내리쳤습니다.

"히잉!"

갑작스런 천둥 소리에 깜짝 놀란 페가수스는 온몸에 경련을 일으키며 하늘로 솟아올랐습니다.

그 바람에 말고삐를 놓쳐 땅으로 떨어진 벨레로폰은 장님에다 절름발이가 되어 불행한 최후를 맞게 되었습니다.

그때 하늘로 올라간 페가수스는 훗날 별자리가 되었습니다.

밤하늘을 쳐다보면 페가수스자리는 마치 은하수로 뛰어드는 모양을 하고 있다고 합니다.

안드로메다자리

신화 속의 안드로메다만큼이나
아름다운 밤하늘의 별자리!
아버지 세페우스 왕과
어머니 카시오페이아 왕비는
떠오르는 딸의 모습을 보기 위해
하늘의 높은 곳으로 자리를 옮긴답니다.

불행이 가져다 준 인연

　에티오피아의 세페우스 왕에게는 카시오페이아라는 아름다운 왕비가 있었습니다.
　그녀는 아름답기는 했지만 교만하여 언제 어디서나 자신의 아름다움을 자랑하고 다녔습니다.
　그런 카시오페이아에게 안드로메다라는 딸이 한 명 있었는데 그녀 역시 어머니 못지않게 아름다웠습니다.
　어느 날 아름다운 안드로메다의 모습을 하염없이 바라보던 카시오페이아는 이렇게 중얼거렸습니다.
　"이 세상에서 내 딸 안드로메다보다 아름다운 여자는 없을 거야. 바다의 신인 네레우스의 딸들보다도 우리 안드로메다가 훨씬 아름다울걸."
　이 말을 들은 네레우스의 딸 네레이스들은 이 세상에서 가장 아름답다고 알려져 있으며 자신들도 그렇게 믿고 있었는데, 카시오페이아의 말을 듣고는 화가 나서 견딜 수가 없었습니다.

네레이스들은 아버지 네레우스를 찾아가서 하소연을 했습니다.

"아버지, 이 기회에 카시오페이아 좀 단단히 혼내 주세요. 그녀는 인간인 주제에 감히 우리를 무시했어요."

딸들의 부탁을 받은 네레우스는 바다의 왕 포세이돈을 찾아갔습니다.

네레우스의 얘기를 들은 포세이돈은 고개를 끄덕이며 그의 부탁을 들어주었습니다. 그러자 곧 에티오피아 해안에 해일이 밀려와 농작물과 가축은 물론 집과 사람들까지 휩쓸어 갔습니다.

포세이돈은 또 괴물 케투스를 에티오피아 해안으로 보냈습니다.

케투스는 크고 새카만 몸에 두 개의 다리를 가진 괴물 고래인데 온 해안을 헤집고 다니면서 배와 방파제를 부수어 버렸습니다.

"도대체 왜 이런 일이 일어난단 말인가?"

너무도 당황하여 넋을 잃고 앉아 있던 세페우스 왕은 신전으로 달려가 그 원인을 물어 보았습니다.

그러자 신은 이렇게 대답했습니다.

"이 재난의 원인은 모두 왕비 카시오페이아에게 있다. 안드로메다의 아름다움을 너무 뽐내어 네레이스들을 무시했기 때문에 포세이돈이 네레우스의 부탁을 받고 케투스를 보낸 것이다."

"그럼, 포세이돈 님의 분노를 가라앉히려면 어떻게 해야 합니까? 부디 방법을 알려 주십시오."

"방법이 있긴 하지만, 너무도 어려운 일이라……."

"아닙니다. 무엇이든 하겠으니 그 방법만 알려 주십시오."

"그렇다면 그대와 카시오페이아의 딸인 안드로메다를 케투스의 제물로 바치도록 하여라. 포세이돈과 바다의 요정 네레이스들의 화를 가라앉히는 방법은 그것밖에 없느니라."

"네? 안드로메다를……."

세페우스는 눈앞이 깜깜해졌습니다. 안드로메다는 세페우스 왕과 카시오페이아 왕비의 외동딸로 두 사람의 사랑을 독차지하고 있었습니다.

"내 딸 안드로메다를 어찌 괴물의 제물로 바친단 말입니까?"

세페우스는 눈물을 흘리며 괴로워했지만 더 이상 다른 방법은 없었습니다.

궁전으로 돌아온 세페우스는 왕비 카시오페이아에게 그 사실을 말해 주었습니다.

카시오페이아는 그제야 눈물을 흘리며 자신의 오만함을 뉘우쳤지만 이제는 돌이킬 수 없는 일이 되고 말았습니다.

왕과 왕비의 괴로움 따위는 아랑곳없이 날이 갈수록 케투스의 횡포는 점점 더 심해져 갔습니다.

아름다운 외모만큼이나 마음씨도 착한 안드로메다는 왕과 왕비의 괴로워하는 모습을 보며 다음이 아팠습니다.

"아버님, 어머님, 더 이상 백성들의 고통을 모른 체할 수 없습니다. 저 하나 희생되어 모두를 살릴 수 있다면 기꺼이 괴물의 제물이 되겠습니다."

"안 된다. 내 소중한 딸을 절대로 괴물의 제물이 되게 할 수는 없다. 아, 차라리 내가 대신 갈 수만 있다면……."

카시오페이아는 공주를 안고 울부짖었습니다. 그러나 안드로메다의 결심은 이미 확고하게 굳혀졌습니다.

세페우스 왕 또한 자신의 딸을 살리기 위해 수많은 백성들을 외면할 수는 없다고 생각했습니다. 사실 카시오페이아의 말 실수만 아니었어도 이런 일은 일어나지 않았을 테니까요.

결국 왕과 왕비는 사랑하는 딸 안드로메다를 케투스에게 내주기로 했습니다.

잠시 후 작은 배에 태워져 파도가 거칠게 몰아치는 해안의 바위 위에 도착한 안드로메다는 온몸을 쇠사슬에 묶인 채 서 있었습니다. 파도는 철썩 소리를 내며 안드로메다가 묶여 있는 바위를 거세게 때렸습니다.

스스로 제물이 되기로 작정하고 나서긴 했지만, 이렇게 혼자서 언제 나타날지도 모를 괴물을 기다리고 있으려니 안드로메다의 얼굴은 두려움으로 점점 창백하게 변해 갔습니다.

어느덧 밀물 때가 되자 안드로메다의 발목까지 바닷물이 차기 시작했습니다. 파도는 공주가 묶여 있는 바위를 덮칠 것만 같았습니다.

파도에 휩쓸려 질식해 죽든 괴물이 나타나 잡아먹히든 안드로메다가 죽는 것은 이미 정해져 있는 사실이나 다름없었습니다.

바로 그때 에티오피아의 하늘을 날고 있는 한 사람이 있었습니다. 그는 괴물 메두사를 처지한 뒤 그 머리를 잘라 가죽주머니에 넣어 세리포스 섬으로 돌아가고 있던 페르세우스였습니다.

하늘을 날아가던 페르세우스는 무심코 해안을 내려다보고는 깜짝 놀랐습니다.

"아니, 웬 처녀가 저런 곳에 묶여 있는 거지?"

페르세우스는 안드로메다를 발견하고는 급히 바위 쪽으로 내려갔습니다.

가까이 다가갔을 때 쇠사슬에 묶여 있는 여자의 모습이 갓 피어난 장미꽃처럼 청초하고 아름다운 것을 보고 더욱 놀랐습니다.

"당신은 무슨 일로 이런 곳에 묶여 있습니까?"

페르세우스는 즉시 공주의 쇠사슬을 끊어 주려고 하였습니다.

겁에 질려 겨우 눈을 뜨고 목소리의 주인공을 올려다본 안드로메다 공주는 눈앞에 있는 페르세우스의 늠름한 모습에 가슴이 설레었습니다.

그러나 곧 자신의 처지를 생각하며 하염없이 눈물만 흘렸습니다.

"아니, 쇠사슬을 끊으면 안 돼요. 저를 이대로 놔두세요. 저는 바다의 괴물에게 잡아먹혀야 할 몸이랍니다."

"뭐라고요? 그럼, 바다의 괴물에게 제물로 바쳐진단 말이오? 그런 어리석은 짓이 어디 있습니까?"

그러자 안드로메다는 울음 섞인 목소리로 자신이 이곳에 묶여 있게 된 사연을 얘기했습니다.

페르세우스는 안드로메다의 얘기를 듣고 입술을 깨물며 고개를 끄덕였습니다.

그때 바다 저쪽에서 울부짖는 소리와 함께 괴물 케투스가 파도를 헤치면서 다가오는 것이 보였습니다.

"나는 제우스 신의 아들 페르세우스요. 내가 저 괴물을 처치해 줄 테니 너무 걱정하지 마시오."

페르세우스는 재빨리 바위 뒤로 몸을 숨겼습니다.

안드로메다는 자신을 향해 거침없이 헤엄쳐 오는 케투스의 험악하고 무서운 모습을 보고 그만 정신을 잃고 말았습니다.

케투스는 당장에라도 안드로메다를 삼키려는 듯 커다란 입을 벌리고 가까이 다가왔습니다.

그때 바위 뒤에서 뛰쳐나온 페르세우스가 펄쩍 날아오르더니 괴물의 등에 올라타 칼로 힘껏 내리쳤습니다.

"크아악!"

케투스는 등에서 피가 분수처럼 뿜어져 나오는 몸을 뒤틀며 페르세우스를 붙잡기 위해 안간힘을 썼습니다.

몇 차례나 칼을 더 휘둘러 대던 페르세우스는 곧 가죽주머니에서 메두사의 머리를 꺼내 케투스의 눈앞에 들이댔습니다.

"자, 이제 너를 마지막으로 보내 주마!"

그 순간 괴물의 몸이 돌로 변하더니 바다 속으로 가라앉고 말았습니다. 페르세우스는 바위에 내려앉아 쇠사슬에 묶인 채 기절해 있는 안드로메다를 풀어 주었습니다.

"자, 모든 게 끝났소. 이제 궁전으로 돌아갑시다."

비로소 정신을 차린 안드로메다는 자신이 괴물의 입 속이 아닌 페르세우스의 품 속에 있다는 사실을 깨닫고 기쁨의 눈물을 흘렸습니다.

안드로메다가 살아 돌아온다는 소식을 듣고 감격한 세페우스 왕과 카시오페이아 왕비는 두 사람을 맞기 위해 궁전 밖까지 나왔습니다.

세페우스는 페르세우스의 손을 붙잡고 진심으로 고마워하며 말했습니다.

"정말 고맙소. 세상에 하나밖에 없는 내 소중한 딸을 구해 준 그대에게 무언가 특별한 선물을 하고 싶소. 그대가 원하는 것이라면 무엇이든 들어줄 테니 어서 말해 보시오."

"정 그러시다면……."

페르세우스는 안드로메다를 힐끗 쳐다보며 말끝을 흐렸습니다.

자신의 목숨을 구해 준 페르세우스에게 진심으로 사랑을 느낀 안드로메다도 얼굴을 붉히며 고개를 숙였습니다.

"하하하, 좋소. 그대가 내 사위가 된다면 이보다 더 기쁜 일이 어디 있겠소."

이렇게 하여 두 사람은 많은 사람들의 축복을 받으며 결혼을 하게 되었습니다.

그런데 전혀 예기치 않은 뜻밖의 일이 일어나고 말았습니다. 막 결혼식이 거행되려는 순간, 세페우스 왕의 동생인 피네우스가 무장한 병사들을 이끌고 식장으로 몰려온 것입니다.

"제우스 신의 아들이라고 해서 감히 남의 아내 될 사람을 넘보다니! 괘씸한 녀석, 어디 맛 좀 봐라."

피네우스는 오래 전에 안드로메다와 결혼을 하기로 약속한 사이였습니다. 그러나 안드로메다가 괴물에게 제물로 바쳐지게 되자 어디론가 도망갔다가 이제야 나타난 것입니다.

"안드로메다는 내 신부야. 이제 너는 없어져 줘."

피네우스는 칼을 휘두르며 페르세우스에게 달려들었습니다. 페르세우스는 가볍게 칼을 피하며 가죽주머니에서 메두사의 머리를 꺼냈습니다.

그 순간 페르세우스를 향해 무턱대고 칼을 휘둘러 대던 피네우스와 병사들은 그 자리에서 돌이 되고 말았습니다.

두 사람은 이제 더 이상 누구의 방해도 받지 않고 성대한 결혼식을 올렸습니다.

결혼식을 마친 페르세우스는 신부 안드로메다를 데리고 어머니 다나에가 기다리는 세리포스 섬으로 돌아갔습니다.

훗날 포세이돈은 세페우스와 카시오페이아가 죽자 괴물 고래와 함께 하늘에 올려 별자리로 만들었습니다.

또 아테나 여신은 오랫동안 행복하게 살다가 죽은 페르세우스와 안드로메다 두 사람도 하늘에 올려 별자리로 만들어 주었습니다.

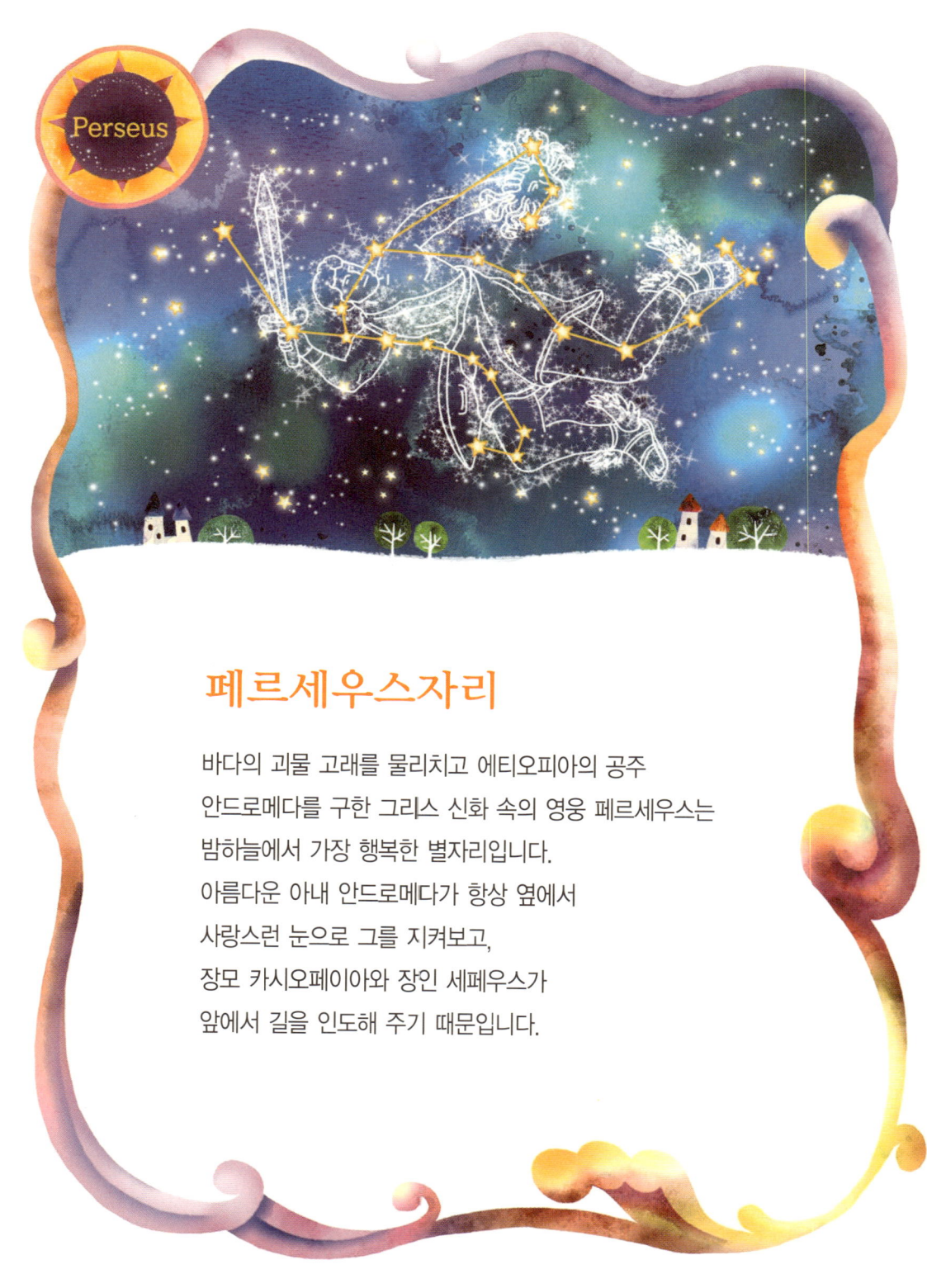

페르세우스자리

바다의 괴물 고래를 물리치고 에티오피아의 공주
안드로메다를 구한 그리스 신화 속의 영웅 페르세우스는
밤하늘에서 가장 행복한 별자리입니다.
아름다운 아내 안드로메다가 항상 옆에서
사랑스런 눈으로 그를 지켜보고,
장모 카시오페이아와 장인 세페우스가
앞에서 길을 인도해 주기 때문입니다.

영웅 페르세우스의 모험

아르고스 왕국을 다스리는 아크리시우스 왕에게는 다나에라는 딸이 하나 있을 뿐 안타깝게도 왕위를 이을 왕자가 없었습니다.

아크리시우스는 대를 이을 왕자를 얻게 해 달라고 아폴론 신에게 빌었습니다.

그러던 어느 날 밤, 아크리시우스의 꿈속에 나타난 아폴론은 이렇게 말했습니다.

"그대의 딸 다나에가 곧 임신을 해서 사내아이를 낳게 될 것이다. 그러나 그대는 외손자인 그 아이의 손에 죽게 될 운명이다."

그날 이후 아크리시우스는 마음이 불안하여 잠을 이루지 못했습니다. 그는 곰곰이 생각해 보았습니다.

'이 일을 어떻게 하지? 다나에에게 아직 아이가 없으니 앞으로도 낳지 못하게 하면 되는데……'

결국 아크리시우스는 청동으로 만든 탑 안에 다나에를 가두었습니다. 그 탑에는 쇠창살이 쳐진 조그만 창문밖에 없어서 아무도 그 안으로 드나들 수 없었습니다. 가끔씩 시중을 드는 시녀가 작은 쪽문으로 드나들 뿐이었습니다.

아크리시우스 왕은 딸을 그곳에 가두고 나자 비로소 안심이 되었지만, 다나에는 하루하루를 눈물로 보냈습니다.

그런데 오래 전부터 다나에의 아름다움에 마음을 빼앗기고 있던 제우스는 탑에 갇힌 다나에가 불쌍하게 여겨졌습니다.

그리하여 그는 황금비로 변해 탑으로 들어가 사랑을 고백하였으며, 다나에는 사랑의 증거로 아이를 가졌습니다.

얼마 후 다나에는 사내아이를 낳았는데 이 아이가 바로 용감한 페르세우스입니다. 이 사실을 알게 된 아크리시우스는 새파랗게 질렸습니다.

"뭐라고, 다나에가 사내아이를 낳았다고?"

아크리시우스는 안절부절못했습니다. 그는 한 번도 보지 못한 외손자가 미워서 견딜 수가 없었지만 그렇다고 자신의 손으로 외손자를 죽일 수는 없었습니다.

곰곰이 생각하던 그는 결국 나무 상자 안에 딸과 외손자를 넣어 파도가 몰아치는 바다로 띄워 보냈습니다.

바다에 던져진 나무 상자는 거친 파도에 휩쓸려 이리저리 떠돌다가 세리포스라는 섬에 닿게 되었습니다.

그러던 어느 날, 세리포스 섬에서 고기를 잡고 있던 한 어부에게 발견되어 가까스로 목숨을 구한 다나에와 아들 페르세우스는 그곳에 정착하여 살게 되었습니다.

어느덧 세월이 흘러 페르세우스는 늠름한 청년으로 자랐습니다.

이 무렵 세리포스 섬을 다스리던 폴리덱테스 왕은 오래 전부터 다나에의 아름다움에 반하여 그녀를 왕비로 맞이하고 싶어했습니다.

"다나에, 이제 페르세우스 걱정은 그만 하고 제발 나의 청혼을 받아 주시오."

그러나 다나에는 매번 폴리덱테스의 청혼을 거절하였으며, 오로지 페르세우스가 자라는 것을 즐거움으로 삼고 지냈습니다.

페르세우스 역시 폴리덱테스가 마음에 들지 않아 어머니에게 귀찮게 구는 것이 못마땅했습니다.

그러자 폴리덱테스는 페르세우스가 눈엣가시처럼 여겨졌습니다.

'페르세우스만 없어진다면…….'
왕은 페르세우스를 없애 버릴 계략을 꾸몄습니다.

어느 날 폴리덱테스 왕은 잔치를 벌이고 섬의 청년들을 초대했습니다.
청년들은 왕에게 잘 보이기 위해 모두 선물을 한 가지씩 준비했는데 가난한 페르세우스만은 빈손으로 참석하였습니다.
페르세우스는 이것이 왕의 계략임을 눈치 채고 있었지만 어쩔 수가 없었습니다.
"기회만 주신다면 전 메두사의 목을 베어 오겠습니다."
자존심 강한 페르세우스는 이렇게 대담한 약속을 하고 말았습니다.
"분명히 약속했으렷다. 네가 메두사의 목을 가져오지 못하면 네 어머니 다나에는 내 왕비가 되어야 한다."
페르세우스는 어머니를 위해서라도 어려운 모험을 완수해 내지 않으면 안 되었습니다.
흉칙한 괴물인 메두사는 고르곤의 세 자매 중 막내딸로, 누구든지 그녀의 얼굴을 한 번이라도 보기만 하면 그 자리에서 돌로 변해 버리고 말았습니다.

　드디어 페르세우스는 길을 떠났습니다.

　'메두사는 어디에 있지? 나도 분명히 돌로 변해 버리고 말 거야.'

　페르세우스는 이런저런 복잡한 생각에 열중하며 멍하니 해변을 걷고 있었습니다.

　"페르세우스, 무얼 그리 골똘히 생각하고 있나?"

　페르세우스는 깜짝 놀라 고개를 들었습니다.

　"누, 누구십니까?"

　"나는 전령의 신인 헤르메스, 이분은 여신 아테나일세. 우리는 어려움에 빠진 자네를 도와 주려고 왔네."

　"그게 정말이십니까? 그렇다면 제게 메두사를 처치할 수 있는 방법을 가르쳐 주십시오."

　페르세우스는 무릎을 꿇고 엎드려 애원했습니다.

　두 신은 기꺼이 페르세우스의 청을 들어주었습니다.

　"자, 이것은 아무리 먼 곳이라도 자네를 금세 데려다 줄 수 있는 구두라네."

"그리고 이걸 이용하면 메두사의 얼굴을 보지 않아도 될 거예요."

헤르메스는 날개 달린 구두를, 아테나 여신은 거울처럼 빛나는 방패를 건네주었습니다. 그리고는 페르세우스에게 용기를 잃지 말라고 격려해 준 뒤 하늘로 사라졌습니다.

페르세우스는 산을 넘고 바다를 건너 헤스페리데스 동산에 도착했습니다. 헤스페리데스 동산은 제우스와의 싸움에서 진 아틀라스가 그 벌로 하늘을 떠받치고 있는 곳이었습니다.

"저는 메두사를 처치하러 가는 중입니다. 당신의 세 딸이 메두사가 있는 곳을 알고 있다고 해서 이렇게 찾아왔습니다. 당신의 세 딸을 만나게 해 주십시오."

아틀라스는 잠시 곰곰이 생각에 잠기는 듯하더니 곧 입을 열었습니다.

"네 아버지 제우스를 생각하면 만나게 해 주고 싶지 않지만, 메두사를 처치하러 간다니 허락하마. 대신 조건이 하나 있다."

"무슨 조건입니까?"

"메두사의 머리를 가져오면 내게 제일 먼저 보여 다오. 이렇게 고통스럽게 하늘을 메고 있느니 차리리 돌이 되는 게 나을 것 같다."

"좋습니다."

페르세우스는 아틀라스의 허락을 받고 세 자매를 만났습니다.

세 자매는 용감한 페르세우스의 부탁을 듣고 나서 가죽주머니 하나와 황금투구를 건네주었습니다.

"메두사의 머리를 잘라 이 주머니에 넣으면 안전하게 가져올 수 있을 거예요. 그리고 이 투구를 쓰면 몸이 보이지 않아 위험한 순간을 피할 수 있을 거예요."

페르세우스는 세 자매에게 고맙다는 인사를 한 뒤 고르곤의 세 자매가 사는 섬으로 날아갔습니다.

섬은 조용했습니다.

고르곤이 사는 동굴 주변은 온통 나무와 돌들로 가득하여 움직이는 것이라고는 아무것도 보이지 않았습니다.

페르세우스는 황금투구를 쓰고 고르곤이 사는 동굴 안으로 조심스럽게 걸어 들어갔습니다.

마침 고르곤의 세 자매는 낮잠을 자고 있었습니다.

페르세우스는 여신 아테나에게서 받은 거울 방패를 통해 메두사를 보면서 살금살금 다가갔습니다.

거울 방패에 비친 메두사는 정말 끔찍하게 무서운 모습을 하고 있었습니다.

가까스로 메두사에게 다가간 페르세우스는 두 눈을 꼭 감고 힘껏 칼을 내리쳐 메두사의 목을 베었습니다.

메두사는 온 섬이 떠나갈 정도로 비명을 질러 댔습니다.

페르세우스는 얼른 메두사의 머리를 가죽주머니에 집어넣고 동굴을 빠져나왔습니다.

비명 소리에 잠에서 깬 메두사의 두 언니는 동생의 머리를 들고 나가는 페르세우스를 발견하고는 소리쳤습니다.

"게 섰거라! 내 동생의 원수를 살려 둘 수 없다."

두 언니는 황금날개를 퍼덕이며 뒤쫓아왔지만 헤르메스의 날개 달린 신발을 신은 페르세우스를 붙잡을 수는 없었습니다.

페르세우스는 순식간에 동굴을 빠져나와 아틀라스가 기다리고 있는 헤스페리데스 동산을 향해 날아갔습니다.

아틀라스는 메두사의 머리를 들고 나타난 페르세우스를 보며 흐뭇한 미소를 지었습니다.

"고맙네. 자네 덕분에 이제 하늘을 떠받치는 고통에서 벗어날 수

있게 되었군. 자, 어서 내게 메두사의 머리를 보여 주게."

가죽주머니를 열고 메두사의 머리를 들여다보던 아틀라스가 서서히 돌로 변해 가는 모습을 보며 페르세우스는 다시 하늘을 날기 시작했습니다.

페르세우스는 메두사의 머리가 든 가죽주머니를 들고 바다 위를 날아갔습니다.

그때 바다에 처음 떨어진 피가 바로 천마 페가수스가 되었습니다.

하늘을 날아 세리포스 섬으로 향하고 있던 페르세우스는 해변에 있는 바위에 한 처녀가 쇠사슬에 묶인 채 울고 있는 모습을 발견했습니다. 그 처녀가 바로 안드로메다입니다.

페르세우스는 괴물 고래의 제물이 될 뻔한 안드로메다를 구한 뒤 아내로 삼아 함께 세리포스로 돌아왔습니다.

페르세우스가 없는 사이 폴리덱테스 왕은 페르세우스의 어머니 다나에를 감옥에 가두고 결혼을 강요하며 괴롭히고 있었습니다.

"다나에, 페르세우스는 벌써 돌이 되어 버려 다시는 돌아오지 못할 것이오. 알겠소?"

"아니, 페르세우스는 반드시 나를 구하러 올 거예요."

바로 그때 어머니의 목소리를 듣기라도 한 듯 페르세우스가 궁궐 안으로 들어왔습니다.

"어머니!"

"오, 페르세우스. 난 네가 돌아올 줄 알았다."

페르세우스는 순식간에 얼굴이 굳어진 폴리덱테스 왕을 향해 당당하게 말했습니다.

"약속대로 메두사의 머리를 잘라 왔습니다."

"오호, 그래? 어디 한번 보자. 설마 나를 속이는 건 아니겠지?"

"물론이지요. 이 속에 들어 있으니 마음대로 꺼내 보십시오."

페르세우스에게서 가죽주머니를 받아들고 자신만만한 표정으로 그 안을 들여다보던 폴리덱테스 왕은 비명 한 번 지르지 못하고 그대로 돌이 되고 말았습니다.

어머니를 데리고 궁궐을 빠져나온 페르세우스는 헤르메스와 아테나 여신을 찾아가 날개 달린 구두와 거울 방패를 돌려주었습니다. 그리고 아테나 여신에게는 메두사의 머리를 선물했습니다.

두 신에게 작별 인사를 마친 페르세우스는 어머니와 아내인 안드로메다를 데리고 고향 아르고스 왕국으로 향했습니다.

페르세우스 일행이 아르고스에 도착했을 때 마침 그곳에서 원반 던지기 경기가 열리고 있는 것을 보고 페르세우스도 그 경기에 참가하게 되었습니다.

페르세우스는 자신의 차례가 되자 힘껏 원반을 던졌습니다. 그런데 너무 세게 던지는 바람에 그만 관중석에 있는 한 노인이 원반에 맞아 숨을 거두고 말았습니다.

그런데 이게 웬일입니까? 그 노인은 바로 페르세우스의 외할아버지인 아르고스의 왕 아크리시우스였습니다.

결국 신의 예언이 들어맞았던 것입니다.

페르세우스는 어머니로부터 그 노인이 자신의 외할아버지라는 얘기를 듣고는 매우 슬피 울었습니다. 그리고 온 정성을 다해 성대한 장례식을 치러 주었습니다.

훗날 아테나 여신은 페르세우스와 그의 아내인 안드로메다가 죽게 되자 이들을 세페우스, 카시오페이아, 괴물 고래가 있는 곳에 두 개의 별자리로 만들어 주었습니다.

이것이 바로 '페르세우스'와 '안드로메다' 자리입니다.

물병자리

전형적인 가을의 특징을 지니고 있는 물병자리의 별들은
모두 행운을 가지고 있답니다.
감마 별 사다크비아가 태양과 함께 떠오를 때
세상의 온갖 만물이 소생하며, 알파 별 사달멜리크
그리고 베타 별 사달수우드도 행운 중의 행운을
가져다주는 별자리입니다.

신들의 술 시중꾼

제우스와 부인인 헤라 사이에서 태어난 청춘의 여신 헤베는 무척 아름답고 사랑스러운 여자입니다.

늘 근엄하고 무서운 얼굴을 하고 있는 제우스도 헤베의 모습만 보면 표정이 밝아지곤 하였습니다. 그래서 항상 가까이에 두고 잔심부름을 시켰으며, 헤베는 제우스의 귀여움을 독차지하였습니다.

어느 날 제우스는 올림포스 궁전에서 성대한 연회를 베풀었습니다. 신들은 노래도 부르고 악기도 연주하면서 자신들의 장기를 맘껏 뽐내며 즐거운 시간을 보냈습니다.

상냥하고 예쁜 헤베는 즐거운 마음으로 신들의 술잔에 술을 따랐습니다.

"제가 한 잔 따라 드릴게요. 그리고 부족한 것이 있으면 무엇이든 말씀만 하세요."

"오, 헤베. 정말 고맙구나."

신들의 칭찬에 헤베는 더욱 신이 나서 열심히 술을 따르다가 그만 발을 헛디디는 바람에 미끄러져 넘어지고 말았습니다.

"아야! 아, 아파……."

"이런, 큰일 났구나! 헤베가 다치다니……."

신들은 쓰러져 있는 헤베를 걱정스러운 눈빛으로 바라보았습니다. 그도 그럴 것이 헤베는 신들에게 술을 따라 주는 일을 도맡아 했기 때문입니다.

발목을 심하게 다친 헤베는 더 이상 신들의 술 시중을 들 수 없게 되자 아버지 제우스 신에게 무척 죄송한 마음이 들었습니다.

"아버지, 죄송해요. 제가 부주의한 탓에……."

제우스도 업혀 나가는 헤베의 뒷모습을 바라보며 걱정스러운 표정을 지었습니다.

"앞으로 신들의 술 시중은 누가 든단 말인가."

이때 전령의 신인 헤르메스가 제우스 곁으로 다가오더니 공손히 말을 꺼냈습니다.

"인간들 가운데서 술 시중꾼을 알아보는 게 좋을 것 같습니다."

제우스도 헤르메스의 의견에 동의하는 듯 고개를 끄덕였습니다.

어느 날 인간들이 사는 세상 위로 커다란 독수리 한 마리가 내려와 하늘 위를 빙빙 맴돌았습니다.

올림포스 산에서 날아온 그 독수리는 여러 지방을 두루 돌아다니다가 트로이의 이데 산에 내려앉아 잠시 휴식을 취하고 있었습니다.

잠시 후 독수리는 날카로운 눈을 번뜩이며 산 아래쪽을 노려보았습니다. 그곳에서는 수많은 양 떼가 풀을 뜯고 있었는데, 독수리가 노려보는 것은 양들이 아니라 그 양을 몰고 있는 아름다운 금발의 목동이었습니다.

그 목동은 트로이의 왕자인 가니메데스로, 인간들 중에서 그렇게 아름다운 소년은 다시 찾아보기 힘들 정도로 아주 잘생긴 소년이었습니다.

아버지의 명령으로 양들을 돌보기 위해 양 떼 사이에 섞여 있는 가니메데스의 모습은 마치 한 폭의 그림같이 아름다웠습니다.

그런데 갑자기 하늘에 검은 구름이 몰려오더니 천둥과 번개가 쳤습니다. 가니메데스는 깜짝 놀라 하늘을 쳐다보았습니다.

그 순간 어디서 나타났는지 커다란 검은 독수리가 가니메데스를 향해 쏜살같이 내려왔습니다. 가니메데스는 미처 도망갈 사이도 없이 독수리의 날카로운 발톱에 채이고 말았습니다.

"앗, 놔 줘!"

가니메데스는 몸부림을 치며 저항했으나 이미 그의 몸은 독수리에게 붙들려 하늘을 날고 있었습니다. 그리고 잠시 후 올림포스 궁전에 닿았습니다.

신들의 궁전에 가니메데스를 내려놓은 독수리는 어느새 저 멀리 사라져 버렸습니다. 그때 신들의 왕인 제우스가 나타나 자상하게 가니메데스의 손을 잡으며 말했습니다.

"무서워할 것 없다, 가니메데스. 너와 이 궁전에서 함께 지내고 싶어 데려온 거다."

가니메데스는 고향으로 돌아가고 싶은 마음이 간절했으나 신의 명령을 거역할 수는 없었습니다.

그 후 가니메데스는 올림포스 궁전에 머물며 신들의 연회 때 술을 따르는 일을 맡게 되었습니다.

"정말 귀여운 소년이구나."

"네가 술을 따라 주니 술맛이 더 좋구나."

신들도 모두 자신을 귀여워해 주었기 때문에 가니메데스는 점차 하늘에서의 생활에 익숙해져서 고향을 그리워하지 않게 되었습니다.

한편, 트로이 왕가의 트로스 왕과 칼리로에 왕비는 외아들 가니메데스가 없어진 뒤로 잠자는 것도 밥먹는 일도 잊고 시름에 잠겨 있었습니다.

"왕자님은 분명 신들이 데려간 거야."

"왕자님이 너무 아름답기 때문에 이런 운명에 처해진 거라고."

사람들은 그런 얘기를 주고받으며 진심으로 왕과 왕비를 위로하였습니다.

그러던 어느 날 밤, 트로스 왕의 꿈에 제우스 신이 나타나 이렇게 말했습니다.

"그대의 아들 가니메데스는 내가 잘 보호하고 있다. 건강하고 즐겁게 지내고 있으니 아무 염려 마라. 하지만 그대들이 무척 상심하고 있을 것 같아 폭풍우처럼 빨리 달리는 말 한 마리를 보내 주겠노라. 그러니 그것으로 위로를 삼도록 하여라."

트로스 왕은 깜짝 놀라 잠에서 깨어났습니다. 밖에는 벌써 해가 환하게 떠오르고 있었습니다.

트로스 왕이 급히 자리에서 일어나 궁전 뜰로 나가 보니 어슴푸레한 여명 속에 황금 안장이 얹힌 멋진 말이 서 있는 것이 보였습니다.

'정말로 제우스 신이 말을 갖다 놓았구나.'

말이 왕자를 대신해 줄 수는 없었으나 트로스 왕은 그 말을 아들이라 생각하고 잘 기르기로 마음먹었습니다.

제우스는 훗날 자신을 잘 섬기고 신들을 즐겁게 해 준 가니메데스를 하늘에 올려 별자리로 만들어 주었는데, 이것이 바로 '물병자리' 입니다.

이집트 사람들은 이 별자리의 물을 긷는 남자가 물을 퍼담은 다음 다시 강에 쏟아 붓기 때문에 나일 강이 넘쳐흐르는 것이라고 믿었습니다.

양자리

원래 황도상에 있는 첫 번째 별자리는 물고기자리인데,
하늘의 춘분점이 세차 운동을 하면서
양자리가 황도 제1궁을 차지하게 되었답니다.
2천 년 전 그리스 시대에는 양자리에 춘분점이 있었는데,
앞으로 약 2만 6천 년이 지나면 다시 물고기자리로
되돌아오게 됩니다.

하늘을 나는 황금털의 양

그리스 테살리아 지방의 테베 시를 다스리고 있는 아타마스 왕에게는 네펠레라는 아름다운 왕비가 있었습니다.

그런데 왕비는 몸이 약해 젊은 나이에 세상을 떠나고 말았습니다.

"어머니!"

어린 플릭소스 왕자와 헬레 공주는 어머니 네펠레 왕비가 눈을 감자 엉엉 소리 내어 울었습니다.

그들 옆에 있던 아타마스 왕 또한 세상이 무너지는 듯한 마음이었지만 눈물을 삼키며 아이들을 달랬습니다.

"애들아, 엄마는 신들의 세계로 떠난 거란다. 그곳에서 우리를 지켜보고 있을 테니 엄마를 생각해서라도 씩씩하게 지내야 한다."

그러나 아타마스 왕은 이렇게 약속한 지 얼마 지나지 않아 이노라는 여자를 새 왕비로 맞이했습니다.

처음에는 플릭소스와 헬레를 위하는 척하던 이노도 레아르코스와 메리켈테스 두 왕자가 태어나자 본색을 드러내기 시작했습니다.

'무슨 수를 써서라도 내가 낳은 아들을 후계자로 앉히고 말 테야. 어떻게 하면 저 아이들을 감쪽같이 없애 버릴 수 있을까!'

이노 왕비는 네펠레가 낳은 플릭소스와 헬레를 없애기 위해 나쁜 계략을 꾸미기 시작했습니다.

그러던 어느 날, 이노는 시녀를 불러 이렇게 명령을 내렸습니다.

"이 보리 씨앗을 아무도 모르게 삶아 볕에 말려 두었다가 농민들에게 나누어 주어라."

밭에서 거두어들인 보리는 대부분 먹고 그 중의 일부는 씨앗으로 남겨 두었다가 이듬해 봄에 밭에 뿌려 농사를 지었습니다.

그런데 이노는 삶은 보리의 씨앗에서는 싹이 나오지 않는다는 걸 뻔히 알면서 이렇게 명을 내렸던 것입니다.

"왕비님! 씨앗을 못 쓰게 만들면 내년 농사는 어떻게 지으려고 그러십니까?"

"너는 그냥 시키는 대로만 하면 돼. 그리고 누구에게든 이 사실을 말하면 어떻게 되는지 잘 알겠지?"

"그렇지만 백성들이 굶주리게 될 텐데……."

시녀의 걱정 따위는 아랑곳하지 않고 이노 왕비는 입가에 음흉한 미소를 지을 뿐이었습니다.

시녀는 마음이 내키지 않았지만 자신의 목숨이 달린 일이라 이노 왕비가 시키는 대로 하기로 결심했습니다.

이듬해 봄이 되자 역시 걱정했던 일이 일어나고 말았습니다.

밭에 보리 씨앗을 뿌린 농부들은 안절부절못했습니다. 삶은 씨를 뿌렸으니 싹이 나올 리가 있겠습니까.

결국 그 해의 보리 농사는 싹도 틔우지 못한 채 망쳐 버리게 되었습니다.

"수십 년 동안 농사를 지었지만 이런 일은 처음이야. 도대체 어째서 보리에 싹도 나지 않는 것일까. 혹시 신의 마음을 상하게 한 일이라도 있나."

"그것보다 이제 굶어 죽게 생겼으니 그게 더 큰일일세."

보리 농사를 망치자 나라 안에서는 굶주림 때문에 백성들이 죽어 나갔으며 전염병도 돌기 시작했습니다.

참다못한 백성들은 매일 궁전 앞으로 몰려와 아우성을 쳤습니다.

"왕이시여, 우리들이 살아갈 대책을 마련해 주십시오. 이러다간 모두 굶어 죽고 말겠습니다."

"알겠소. 조금만 참고 기다리시오."

아타마스 왕은 백성들에 대한 걱정 때문에 밤잠을 이루지 못했습니다. 하지만 왕도 보리 이삭이 나지 않은 원인을 모르기 때문에 대책을 세우기도 막막했습니다.

한참을 곰곰이 궁리하던 아타마스 왕은 델포이 신전으로 신하를 보내 신에게 도움을 청하기로 했습니다.

그런데 그것까지 미리 예상한 이노는 신하가 아타마스 왕에게 신의 계시를 보고하기 전에 먼저 자기 편으로 만들어 놓았습니다.

이노 왕비의 사주를 받은 신하는 왕에게 거짓으로 신의 계시를 보고했습니다.

"폐하, 마침내 아폴론 신께서 계시를 내리셨습니다."

"오, 그래? 백성들을 굶주림에서 구하기 위해서 어찌해야 한다고 하시더냐?"

"그런데 그게 좀……."

"빨리 말하지 않고 무얼 꾸물거리느냐?"

신하는 망설이는 체하다가 곧 입을 열었습니다.

"저어……, 아폴론 신께서는 신의 저주를 풀어 백성들을 굶주림에서 구하기 위해서는 플릭소스 왕자님을 제우스 신께 제물로 바쳐야 한다고 하셨습니다."

"뭐, 뭣이라고? 플릭소스 왕자를 신의 제물로 바쳐야 한다고?"

"네, 분명히 그렇게 계시를 내리셨습니다."

신하의 말에 아타마스 왕은 새파랗게 질렸습니다. 아무리 신의 명령이라 해도 어떻게 사랑하는 아들을 제물로 바칠 수 있단 말입니까.

그러나 이노가 꾸민 거짓말은 어느새 백성들 사이에까지 알려지게 되었습니다.

"왕자님에게는 정말 안된 일이지만, 그래도 우리 모두의 목숨이 달린 일인데……."

"흉년이 계속되면 우리 모두 굶어 죽게 될 텐데, 과연 왕께서는 우리를 위해 왕자님을 제물로 바치실까?"

"백성들을 사랑하는 왕이라면 당연히 그렇게 하시겠지. 하지만 매정한 왕이라면 절대 그러지 않을걸세. 그러니 왕이 어떻게 일을 처리하시는지 지켜보세나."

사람들의 이런 수군거림이 왕의 귀에까지 들어갔습니다.

만약 왕자를 제물로 바치지 않으면 백성들이 어떤 난동을 일으킬지 몰라 왕은 깊은 고민에 빠졌습니다.

왕은 결국 왕자를 신에게 바치기로 결심하였습니다.

이러한 소동에 누구보다 마음을 졸이고 있던 사람은 플릭소스 왕자와 헬레 공주의 어머니인 죽은 네펠레 왕비였습니다.

네펠레 왕비는 아들의 생명이 위태롭다는 걸 깨닫고 제우스 신을 찾아가

"부디 제 아이의 목숨을 지켜 주세요."

하고 간절히 기도하였습니다.

마침내 신께 제물을 바치는 날이 되었습니다.

신전 앞에서 많은 백성들이 지켜보는 가운데 의식이 시작되었

습니다.

　제사장은 하늘을 우러러보며 소리쳤습니다.

　"신이시여, 노여움을 푸시고 테살리아 지방의 백성들에게 다시 축복을 내려 주소서. 우리들은 지금 굶주림에 지쳐 죽어 가고 있나이다."

　제사가 무르익자 플릭소스가 제단 앞으로 끌려 나왔습니다.

　기도를 마친 제사장이 플릭소스 주위를 돌며 주문을 외우다가 손에 든 칼을 높이 치켜들며 막 그의 심장에 꽂으려 할 때였습니다.

　어디에서 왔는지 갑자기 신전 앞으로 황금털을 가진 양 한 마리가 나타났습니다.

　"아니, 저 양은 뭐지?"

　"털이 황금빛이야."

　"우와, 정말이네. 신기하기도 하다."

　그곳에 모인 사람들 모두 어리둥절해하며 양을 바라보았습니다.

　황금털을 가진 이 양은 제우스 신이 죽은 네펠레 왕비의 소원을 들어주기 위해 전령의 신인 헤르메스를 시켜 보내 준 것이었습니다.

 황금털의 양은 뜻밖의 상황에 놀라서 웅성거리고 있는 사람들 사이로 천천히 걸어가 플릭소스와 헬레를 등에 태우고는 하늘로 날아 올라갔습니다.

 모두들 입을 딱 벌리고 있는 사이에 양은 점점 높이 올라가더니 마침내 보이지 않게 되었습니다.

 두 사람을 등에 태운 황금털의 양은 바다를 건너고 산을 넘어 동쪽을 향해 끝없이 날아갔습니다.

 두 사람은 양의 등에 꼭 달라붙어 있었습니다. 그런데 문득 어린 헬레 공주가

 "지금 어디쯤 날고 있는 걸까?"

하고 궁금해하며 아래를 내려다보았습니다.

 그러자 푸른 바다가 까마득히 멀게만 보였고, 황금빛 양은 그 위를 마치 빛과 같은 속도로 날고 있었습니다.

 헬레는 그것을 본 순간 현기증이 나서 양의 등을 붙잡고 있던 손을 그만 놓치고 말았습니다.

 "헬레! 헬레!"

플릭소스가 깜짝 놀라며 손을 내밀었지만 사랑하는 여동생 헬레는 이미 푸른 바다 속으로 사라진 뒤였습니다.
　황금털의 양은 혼자 남은 플릭소스를 태우고 계속 날아가 흑해 동쪽 기슭에 있는 코르키스에 닿았습니다.
　코르키스의 왕 아이에테스의 극진한 대접을 받으며 훌륭한 청년으로 자란 플릭소스 왕자는 아이에테스 왕의 딸인 카르키오페와 결혼까지 하게 되었습니다.
　플릭소스 왕자는 그 은혜에 보답하는 마음으로 황금털을 가진 양을 잡아 그 가죽을 아이에테스 왕에게 선물로 바쳤습니다.
　아이에테스 왕은 매우 기뻐하며 황금털의 양 가죽을 전쟁의 신인 아레스가 사는 깊은 숲 속의 높은 떡갈나무에 걸어 두었습니다. 그리고 절대로 잠들지 않는 용으로 하여금 지키게 하였습니다.
　훗날 이 황금털을 가진 양이 하늘에 올라가 별자리가 되었는데, 이것이 바로 '양자리' 입니다.
　한편, 헬레가 떨어진 바다 속은 지중해에서 흑해로 나가는 부근인데, 뒷날 사람들은 헬레의 가여운 운명을 기려 이곳을 '헬레스폰토스(헬레의 바다)' 라고 불렀습니다.

겨울의 별자리

황소자리

오리온자리

쌍둥이자리

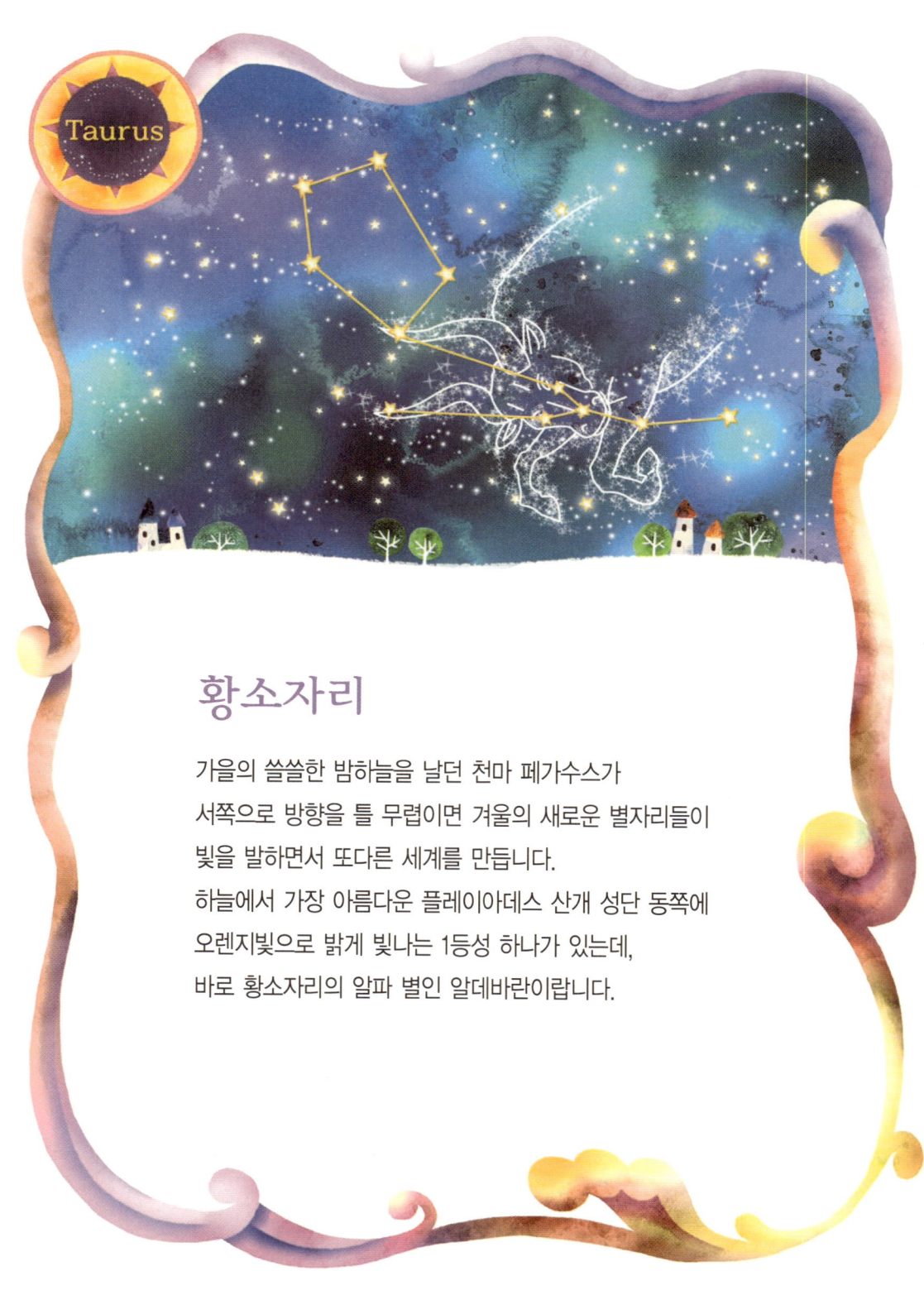

황소자리

가을의 쓸쓸한 밤하늘을 날던 천마 페가수스가
서쪽으로 방향을 틀 무렵이면 겨울의 새로운 별자리들이
빛을 발하면서 또다른 세계를 만듭니다.
하늘에서 가장 아름다운 플레이아데스 산개 성단 동쪽에
오렌지빛으로 밝게 빛나는 1등성 하나가 있는데,
바로 황소자리의 알파 별인 알데바란이랍니다.

에우로페를 납치한 황소

페니키아의 아게놀 왕에게는 에우로페라는 아름다운 딸이 있었습니다.

에우로페는 어느 날 밤 이상한 꿈을 꾸었습니다.

두 개의 큰 대륙이 여자의 모습으로 변신하여 서로 에우로페가 자기 것이라고 하며 다투고 있는 것입니다.

"에우로페는 소중한 내 딸이에요. 나는 이 아이를 낳고 젖을 먹여 이렇게 키워 놓았어요."

한 여자의 말에 다른 여자가 말했습니다.

"에우로페, 나와 함께 가자. 너는 제우스 신에게 제물로 바쳐지게 될 것이다. 네 운명이 이미 그렇게 정해져 있으니 거역해도 소용없는 일이다."

그러더니 여자는 힘센 팔로 공주를 안고 걷기 시작하였습니다.

그런데 에우로페는 저항하지 않았을 뿐 아니라 이상하게도 자진하여 따라 나서는 것이었습니다.

에우로페는 잠을 깨고 난 후에도 여전히 가슴이 두근거렸습니다. 꿈인데도 마치 현실처럼 너무도 생생하게 느껴졌던 것입니다.

'꿈속에서 본 그 여자는 대체 누구일까. 처음 보는 사람인데도 그 사람이 조금도 낯설게 느껴지지 않았어. 마치 평소에 너무 잘 알고 지낸 사람인 것처럼. 정말 이상한 꿈이야……'

아무리 생각해도 꿈의 내용이 이해가 되지 않았습니다.

에우로페는 순진하고 누구에게나 사랑받는 아름다운 처녀였습니다. 사람들은 모두 꽃을 찾는 나비처럼 에우로페의 주위에 모여들었습니다.

어느 화창한 봄날, 시녀들은 에우로페를 찾아와 졸라 댔습니다.

"에우로페 공주님, 오늘은 성 밖으로 나가 보지 않으실래요? 날씨도 너무 화창하고, 바닷가 들판에 꽃이 만발하여 마치 천국 같답니다."

"수선화와 민들레도 피었겠네."

"그럼요. 향기가 아주 좋은 히아신스도 아름답게 피어 있는 걸요."

에우로페는 꽃처럼 활짝 웃으며 시녀들에게 둘러싸여 해변가로 달려갔습니다.

파도가 잔잔한 푸른 바다 옆으로 펼쳐진 초록빛 들판에는 목장에서 내려온 듯한 소들이 한가로이 풀을 뜯고 있었습니다.

"어머, 이것 좀 봐. 이건 처음 보는 꽃인걸."

시녀들은 꽃을 꺾으며 수다를 늘어놓았습니다.

"이렇게 아름다운 꽃을 피워 주신 들판의 요정에게 답례의 뜻으로 화환을 만들어 바치는 게 어때요?"

"그래요. 그거 좋은 생각이에요."

에우로페와 시녀들은 가지각색의 꽃으로 아름답게 꾸며 화환을 만들기 시작했습니다.

하늘에서 이토록 평화롭고 아름다운 모습을 내려다보고 있던 제우스는 그 중에서도 특히 아름다운 에우로페에게 넋을 빼앗기고 말았습니다.

본래 바람둥이인 제우스는 어떻게 해서든지 에우로페를 차지하기 위해 궁리를 했습니다.

하지만 질투심이 많은 아내 헤라의 눈에 띄지 않게 조심해야만 했습니다.

"옳지, 좋은 수가 있다."

한 가지 계략을 생각해 낸 제우스는 전령의 신 헤르메스를 불러 이렇게 말했습니다.

"저기 페니키아 왕의 목장이 보이지? 저곳에 있는 소들을 모두 해안 근처까지 몰아 다오."

"예, 곧 다녀오겠습니다."

날개 달린 신발을 신은 헤르메스는 즉시 아게놀 왕의 목장으로 날아가서 소들을 몰아 해안의 들판까지 데리고 갔습니다.

그 소들 중에는 어느새 황소로 둔갑한 제우스가 섞여 있었는데, 헤르메스조차도 그 사실을 전혀 눈치 채지 못하고 있었습니다.

"어머나, 소들이 모두 목장에서 내려온 모양이야."

시녀들은 갑자기 들판에 소들이 모여 있는 것을 보고 깜짝 놀랐지만 모두 아주 얌전했기 때문에 안심하였습니다.

그때 문득 에우로페는 소들 중에서 아주 크고 억세 보이는 새하얀 황소를 발견하였습니다.

그 황소는 투명하고 아름다운 두 개의 뿔과 푸른빛이 도는 부드러운 눈을 가지고 있었습니다.

황소가 아무 소리도 내지 않고 다가와 멈춰 서는 바람에 에우로페는 깜짝 놀라 벌떡 일어났으나 황소는 아무 짓도 하지 않고 가만히 서 있기만 했습니다.

에우로페가 불쑥 꽃 한 송이를 황소의 입가에 대자 황소는 그것을 받아 먹고 나서 에우로페의 손을 핥았습니다.

"어머, 귀여워라!"

에우로페는 부드러운 손으로 가만히 황소의 등을 어루만져 주었습니다.

그러자 소는 아주 좋아하며 더 쓰다듬어 달라는 듯이 얼굴을 비벼 댔습니다.

에우로페는 황소의 재롱과 아름다움에 반하여 꽃다발을 걸어 주기도 하고 몸을 쓰다듬기도 하며 장난을 쳤습니다.

에우로페는 황소가 바닥에 눕자 장난삼아 등 위에 올라타 보았습니다.

그때 뜻밖의 일이 일어났습니다.

갑자기 황소가 해안 쪽으로 걸어가기 시작하는 것이었습니다.

"어머나, 너 어디 가는 거야?"

에우로페가 깜짝 놀라서 물었으나 소가 대답할 리가 없었습니다. 소는 점점 발걸음이 빨라졌습니다.

"공주님! 공주님!"

시녀들은 에우로페를 태우고 해안으로 가는 소를 발견하고는 큰 소리로 부르며 뒤쫓아갔습니다.

하지만 소의 발걸음이 점점 빨라져 그녀들의 발걸음으로는 도저히 따라잡을 수가 없었습니다.

황소는 모래사장을 지나 바다로 뛰어들더니 헤엄을 치기 시작했습니다. 에우로페는 비명을 지르며 황소의 목을 꼭 끌어안은 채 떨어지지 않으려고 안간힘을 썼습니다.

황소가 헤엄치고 있는 주변에는 넘실넘실 파도가 치고 있었지만 에우로페는 전혀 물에 젖지 않았습니다.

겨우 마음을 진정시킨 에우로페는 소에게 물었습니다.

"도대체 나를 어디로 데려가는 거니?"

그러자 소는 인간의 말로 대답하였습니다.

"무서워할 것 없소. 난 신의 왕 제우스라오. 당신을 내 아내로 삼기 위해 데려가는 것이오."
그 온화한 목소리는 분명 신의 목소리였습니다.

에우로페는 놀라움과 부끄러움으로 온몸을 바들바들 떨며 황소의 뿔을 더욱 세게 붙잡았습니다.

황소는 순식간에 크레타 섬까지 헤엄쳐 갔습니다.

섬에 도착한 황소는 어느새 제우스 신의 모습으로 변해 있었습니다. 그리고는 에우로페의 어깨를 부드럽게 껴안고 플라타너스 나무 밑으로 데려갔습니다.

제우스 신과 에우로페의 결혼식장이 되어 준 플라타너스나무는 그 후로 사계절 내내 푸른 잎을 지닐 수 있게 되었습니다.

또 에우로페 공주가 상륙한 크레타 섬이 있는 유럽이라는 지명도 바로 에우로페 공주의 이름에서 유래되었다고 합니다.

제우스는 이를 기념하기 위해 자신이 변했던 황소를 하늘에 올려 별자리로 만들어 주었는데, 이것이 바로 '황소자리' 입니다.

별까지의 거리는 어떻게 계산할까요?

태양을 제외한 지구에서 가장 가까운 별은
센타우루스자리의 알파 별인 프록시마 별로,
이 별까지의 거리는 무려 41조 킬로미터나 됩니다.
그런데 프록시마 별보다 수백만 배나 더 멀리 떨어진 별도 많으므로
별과의 거리를 킬로미터로 계산하는 것은 무척 복잡하답니다.
그래서 별과의 거리를 나타내는 데는
'광년'이라고 하는 단위를 쓰고 있습니다.
1광년은 빛이 1년 동안 나아가는 거리를 말하며,
빛은 1초 동안에 약 30만 킬로미터를 나아갑니다.
이 빛이 1년 동안 달리는 거리가 바로 1광년이지요.
1광년을 킬로미터로 계산해 보면
300,000km(빛이 1초 동안에 가는 거리)×60(1분 60초)×
60(1시간 60분)×24(하루 24시간)×365(1년 365일)
=9,460,800,000,000km로, 즉 10조 km나 되는 거리입니다.

오리온자리

오리온자리는 우리나라 밤하늘에서 볼 수 있는
별자리 중에서 두 개의 밝은 1등성을 가지고 있는
유일한 별자리입니다.
바로 알파 별 베텔게우스와 또다른 1등성인 리겔이지요.
그러나 뭐니 뭐니 해도 가장 유명한 것은
오리온의 허리띠에 해당하는 삼형제 별이랍니다.

사냥꾼 오리온과 여신 아르테미스

바다의 신 포세이돈과 아마존의 여왕 에우리알레 사이에서 태어난 오리온은 힘이 무척 세고 아름다운 거인 사냥꾼이었습니다.

그가 오른손에 커다란 방망이, 왼손에 활을 들고 숲 속에 나타나면 모든 동물들은 정신없이 도망치기에 바빴습니다.

오리온은 아버지로부터 땅 위를 걷는 것과 마찬가지로 바다 위를 걸을 수 있는 능력을 물려받았습니다.

어느 날 오리온은 키오스 섬으로 사냥을 나갔다가 메로페라는 아름다운 아가씨를 보고 한눈에 반해 버렸습니다. 그래서 오리온은 키오스 섬의 왕이자 메로페의 아버지인 오이노피온을 찾아가 부탁했습니다.

"당신의 따님을 제 아내로 주시지 않겠습니까?"

그러자 오이노피온 왕은 대답하였습니다.

"당신의 뛰어난 사냥 솜씨를 보여 주시오. 그러면 내 딸을 주겠소."

오리온은 당장 숲 속으로 달려가 키오스 섬 사람들을 괴롭히고 있던 포악한 맹수들을 잡아 왕에게 가져갔습니다.

사실 오이노피온 왕은 오리온에게 메로페를 주고 싶은 마음이 전혀 없었습니다. 하지만 언제까지고 거절할 수만은 없었습니다.

곰곰이 생각하던 왕은 오리온에게 섬의 맹수들을 모두 없애 달라고 제안했습니다. 설마 그것까지는 불가능할 거라고 생각한 것입니다.

"그 정도라면 오늘 안으로 모두 해치울 수 있습니다."

오리온은 몽둥이와 활을 들고 나가 섬 안의 맹수들을 모조리 잡아 없애 버렸습니다.

그 모습을 보고 오이노피온 왕은 깜짝 놀랐습니다.

하지만 여전히 오리온이 사윗감으로 못마땅한 왕은 이리저리 핑계를 대며 결혼식을 연기했습니다.

"대체 언제 메로페와 결혼을 시켜 주실 겁니까?"

더 이상 참다못해 화가 난 오리온은 강제로 메로페를 데려가려

고 하였습니다. 그러자 왕은 오히려

"오리온 같은 난폭한 자에게 내 딸을 내줄 수 없다."

라고 말하며 술의 신인 디오니소스에게 부탁하여 오리온을 취하게 만들었습니다.

그리고는 쓰러져 자고 있는 오리온의 두 눈을 뽑아 바닷가에 내다 버렸습니다.

"오이노피온 이놈, 내 반드시 복수하고 말리라."

오리온은 눈이 보이지 않는데다가 도와주는 사람도 없자 옴짝달싹도 할 수 없었습니다.

그때 멀리서 희미하게 쇠를 두드리는 망치 소리가 들려왔습니다.

'저것은 대장간의 신 헤파이스토스 신의 제자인 애꾸눈 키클롭스들의 망치 소리가 틀림없다.'

오리온은 그 소리를 따라 걷기 시작하였습니다.

바다 위를 건너 오리온은 마침내 렘노스 섬에 있는 헤파이스토스의 대장간에 도착하였습니다.

헤파이스토스는 오리온의 비참한 모습을 보고 깜짝 놀랐습니다.

오리온은 그동안 자신이 당했던 일을 헤파이스토스에게 자세히 말해 주었습니다.

"정말 몹쓸 짓을 당했군. 하지만 용기를 갖게. 아폴론 신에게 부탁하면 아마 자네 눈을 뜨게 해 줄걸세."

헤파이스토스는 이렇게 위로해 주며 케달리온이라는 난쟁이에게 오리온을 안내해 주라고 일렀습니다.

오리온은 케달리온을 어깨 위에 태우고 아폴론이 사는 궁전으로 걸어갔습니다.

마침내 아폴론의 도움으로 빛을 받은 오리온은 예전처럼 눈이 잘 보이게 되었습니다.

그 후 오리온은 달과 사냥의 여신인 아르테미스와 가까워졌습니다.

아르테미스가 아직 걸음마를 배울 무렵 아버지인 제우스 신이 이렇게 물은 적이 있었습니다.

"아르테미스, 넌 무엇이 갖고 싶으냐? 목걸이를 줄까, 아니면 보석으로 수놓은 예쁜 옷을 줄까?"

"아버지, 목걸이나 예쁜 옷 대신 짧은 윗옷하고 사냥할 때 신는

장화, 활, 화살을 주세요."

이미 그때부터 아르테미스는 사냥꾼의 소질을 갖고 있었습니다.

바람이 휘몰아치는 산꼭대기에서 그녀가 황금빛 활시위를 당기면 하늘을 나는 새도 반드시 떨어졌다고 합니다.

그러한 생활에 빠져 아르테미스는 나이가 차도 시집갈 생각을 하지 않았습니다.

그런데 여장부인 아르테미스도 용맹스럽고 아름다운 사냥꾼 오리온을 만나자 가슴이 몹시 뛰는 것을 느꼈습니다. 태어나서 처음으로 남자를 사랑하는 마음이 싹튼 것이었습니다.

지중해의 크레타 섬으로 사냥을 하러 나간 오리온의 모습을 보고 아르테미스가 먼저 말을 걸었습니다.

"당신은 사냥을 아주 잘하는군요. 나와 함께 실력을 겨루어 보지 않을래요?"

허름한 사냥꾼 옷차림이긴 하지만 달의 여신 아르테미스의 뛰어난 아름다움에 반한 오리온은 기꺼이 그녀의 제안을 받아들였습니다.

그 후 두 사람은 매일 크레타 섬의 산과 들을 뛰어다니며 함께 사냥을 하였습니다.

두 사람은 차츰 서로를 무척 사랑하게 되어 아르테미스도 오리온이라면 결혼해도 좋다고 생각하였으며, 오리온 또한 아르테미스만큼 자신에게 어울리는 신부감은 없다고 생각하였습니다.

어느새 올림포스 궁전의 신들 사이에도 두 사람이 가깝게 지낸다는 소문이 나 있었습니다.

"아르테미스가 오리온이라는 젊은이와 결혼을 하게 된다지?"

"그게 정말이오? 늘 둘이 같이 다니더니 결국 그렇게 되었군."

"오리온이 바다의 신 포세이돈의 아들이기는 하지만 어머니가 인간이니 완전한 신은 아니지 않소. 제우스 신이 아르테미스가 인간과 결혼하는 것을 과연 허락할 것 같소?"

이러한 소문이 나돌자 아르테미스의 오빠인 아폴론은 기분이 좋지 않았습니다.

아폴론은 아르테미스를 불러 놓고 꾸짖었습니다.

"너같이 아름다운 여신이 오리온 같은 인간과 결혼하다니, 절대로 허락할 수 없다."

"오리온은 훌륭한 남자예요, 오빠. 전 그이를 매우 사랑해요. 신들 중에서도 인간과 결혼하는 사람은 얼마든지 있잖아요."

이미 사랑에 빠진 아르테미스는 아폴론의 말에 강하게 반발하며 눈 하나 깜짝하지 않았습니다.

'아무리 달래거나 위협해도 꿈쩍하지 않겠어.'

이렇게 생각한 아폴론은 한 가지 계략을 생각해 내어 기회가 오기만을 기다렸습니다.

어느 날 한가롭게 바다에 몸을 담그고 수영을 하고 있던 오리온은 해안에서 점점 멀어져 아주 멀리까지 헤엄쳐 나갔습니다. 나중에는 파도 표면에 반짝이는 조그마한 점이 되어 잘 보이지 않게 되었습니다.

이것을 보고 있던 아폴론이 아르테미스에게 말했습니다.

"아르테미스, 네가 활을 잘 쏜다는 것은 알고 있지만 저 멀리 보이는 작은 점은 맞힐 수 없을 거다."

"아니에요, 오라버니. 한번 해 보겠어요."

지기 싫어하는 성격의 아르테미스는 오빠의 꾐에 빠져 이내 활 시위를 당겼습니다. 번개처럼 빠르게 날아간 화살은 바다 위에 반짝이는 점에 정확히 꽂혔습니다.

"어때요, 오라버니? 해냈어요!"

아르테미스는 의기양양하게 말했습니다.

그런데 이튿날 아침, 파도에 밀려온 오리온의 시체를 보고 아르테미스는 자신이 쏜 것이 오리온이었다는 것을 알게 되었습니다.

아르테미스는 오리온을 부둥켜안고 슬피 울었습니다.

'사랑하는 사람을 내 손으로 죽이다니. 그것도 내 활 솜씨를 자랑하다가……'

아르테미스는 오빠인 아폴론의 계략에 빠진 것을 알고 너무도 경솔했던 자신의 행동을 후회하였습니다. 그러나 인간인 오리온은 두 번 다시 살아날 수가 없었습니다.

결국 그녀는 오리온에 대한 사랑을 영원히 간직하기 위해 그의 시신을 밤하늘에 올려놓았습니다.

그리고 달을 싣고 다니는 자신의 은수레가 달릴 때에는 언제라도 볼 수 있게 해 달라고 제우스에게 간청했습니다.

그래서 오리온은 별이 많은 날이나 달이 밝은 밤에도 항상 잘 보이는 별자리가 되었다고 합니다.

쌍둥이자리

늦겨울의 매서운 추위가 한풀 꺾이고
겨울의 화려한 별들이 서쪽으로 넘어갈 즈음,
밝은 두 별이 다정한 모습으로 어깨를
나란히 한 채 반짝이며
겨울의 막바지를 알리는 별자리가 바로
쌍둥이자리입니다.

쌍둥이 형제의 우애

카스토르와 폴릭스는 백조로 변한 제우스와 스파르타의 왕비인 레다 사이에 태어난 쌍둥이 형제였습니다.

두 형제는 얼굴 생김새나 착한 마음씨까지 꼭 닮아 무엇이든 함께 하며 사이좋게 자랐습니다.

이들 쌍둥이 형제는 제우스의 아들이긴 하지만 카스토르는 인간의 피를 이어받았으며, 폴릭스만 제우스의 피를 이어받아 영원히 죽지 않는 불사신으로 태어났습니다.

그러나 둘 다 뛰어난 힘과 용기로 사람들의 칭송을 받았습니다.

형인 카스토르는 말타는 솜씨가 뛰어났으며 동생인 폴릭스는 권투와 창던지기를 잘하였습니다.

청년으로 자란 두 형제가 최초로 힘을 합쳐서 실력을 발휘할 기회가 왔습니다.

어느 날 아르테미스 신전에서 춤을 추던 헬레네는 여러 신들로부터 칭찬을 받고 있었습니다.

그 모습을 지켜보던 아테네의 왕 테세우스는 어떻게든 헬레네를 자신의 아내로 만들고 싶었습니다.

그리하여 그날 밤 친구인 페리토스에게 부탁해 헬레네를 납치하여 성 안 깊숙이 숨겨 두었습니다.

그러나 카스토르와 폴릭스가 재빨리 날쌘 말을 타고 쫓아가 여동생인 헬레네를 무사히 구출해 냈습니다.

한 번은 또 황금양피를 찾기 위해 이아손의 아르고 호를 타고 항해를 떠났을 때의 일입니다.

아르고 호가 야만인 베블릭스의 나라에 닻을 내렸을 때 베블릭스의 왕 아미코스가 나타나 아르고 호 선원들을 향해 외쳤습니다.

"너희들 중에서 제일 힘이 센 자를 골라 나와 권투 시합을 하여 이기지 못하면 단 한 사람도 이 나라에서 살아 나가지 못하리라."

아미코스 왕은 언제나 이런 식으로 자기 나라에 찾아온 배나 이웃 나라 사람들을 괴롭혀 왔습니다.

그때 제우스의 쌍둥이 아들 중 한 명인 폴릭스가 나서면서 말했습니다.

"내가 상대해 주겠소."

왕은 폴릭스의 뚝심에 놀라는 듯하더니 이내 아주 무시하는 듯한 얼굴로 폴릭스를 향해 웃어 보였습니다.

잠시 후 왕의 노예가 글러브를 가져오자 두 사람은 권투 시합을 하기 위해 육지로 내려왔습니다.

"마음에 드는 것으로 골라라. 그리고 참, 자네 턱을 조심하는 게 좋을 거야."

시합이 시작되자 두 사람은 쉴 틈도 없이 서로 맹렬히 공격하였습니다.

아미코스 왕의 주먹도 자신만만한 그의 태도만큼이나 강했지만, 결국 마지막에 폴릭스의 강한 주먹에 한 대 맞고 비틀거리더니 그만 바닥에 주저앉고 말았습니다.

아르고 호에 함께 탄 사람들은 크게 기뻐하며 폴릭스의 승리를 축하해 주었습니다.

이때부터 카스토르와 폴릭스 형제는 아르고 호 선원들의 수호신으로 후세에까지 알려지게 되었습니다.

어느 날 아르고 호는 항해 도중에 거센 폭풍을 만나게 되었습니다.

"배가 한쪽으로 기운다. 모두 움직이지 말고 배를 꼭 붙잡아라."

갑작스럽게 몰아친 파도는 배를 이리저리 흔들어 대며 금방이라도 부숴 버릴 듯 무섭게 용솟음쳤습니다.

"안 되겠다. 이러다간 모두 물귀신이 되고 말겠어. 어떻게 이 폭풍우를 빠져나갈 방법이 없을까?"

아르고 호의 선장인 이아손은 간절한 눈빛으로 하늘을 쳐다보며 중얼거렸습니다.

이때 하프의 명인인 오르페우스가 무릎을 꿇고 하늘에 기도를 올린 후 하프를 연주하며 노래를 부르기 시작했습니다.

아름다운 하프의 노랫소리가 울려 퍼지자, 마치 기다렸다는 듯이 폭풍우가 멎으며 바다가 잠잠해졌습니다.

"거짓말같이 날씨가 개는군!"

"정말 변덕스러운 날씨야!"

아르고 호의 선원들은 수평선 위로 쏟아지는 햇빛을 바라보며 기쁨에 들떠 외쳤습니다.

그때 카스토르와 폴릭스의 머리 위에 두 개의 별이 나타나 반짝이는 것이 보였습니다.

아르고 호의 선원들은 두 개의 별과 배에 타고 있는 쌍둥이 형제를 번갈아 바라보며 중얼거렸습니다.

"쌍둥이 형제의 간절한 기도 소리에 쌍둥이 별이 감동하여 폭풍우를 잠재웠나 봐."

"쌍둥이 형제 머리 위에 쌍둥이 별이 빛나는 걸 보니 정말 그런 것 같은데."

한편, 아르고 호의 모험에서 돌아온 두 형제는 아름다운 아가씨와 사귀게 되었는데, 불행하게도 그 아가씨들에게는 이미 약혼자가 있었습니다.

이미 쌍둥이 형제에게 아가씨들의 마음을 빼앗긴 걸 알게 된 약혼자들은 두 형제에게 결투를 신청해 왔습니다.

그런데 그만 형 카스토르가 약혼자 중 한 사람의 창에 찔려 쓰러지고 말았습니다.

"형, 어서 눈을 떠 봐. 나만 놔두고 혼자 가다니, 말도 안 돼."

폴릭스의 간곡한 애원에도 불구하고 카스토르는 결국 죽음의 세계로 떠나고 말았습니다.

폴릭스는 그 슬픔을 감당할 수가 없어 스스로 목숨을 끊으려고 했지만 그것조차 마음대로 되지 않았습니다. 왜냐하면 그는 제우스 신의 피를 이어받은 불사신이기 때문입니다.

"제우스 님, 부디 불사신인 제 몸과 형의 목숨을 바꿔 주세요. 만약 그렇게 할 수 없다면 제 생명도 가져가시기 바랍니다. 카스토르가 없는 이 세상은 저에게 아무 의미가 없는 곳이랍니다."

카스토르와 폴릭스의 우애에 감동한 제우스는 즉시 폴릭스의 기도를 들어주었습니다.

"너희들의 우애가 진심으로 갸륵하구나. 내 너의 간절한 기도를 들어주어 하루의 반은 지하 세계에서, 나머지 반은 땅 위에서 살아가도록 해 주겠다."

제우스는 훗날 이들 형제의 우애를 영원히 기리기 위해 하늘로 올려보내 별자리로 만들어 주었습니다.

이것이 바로 '쌍둥이자리'인데, 나란히 반짝이는 두 개의 별 중 조금 어두운 것이 카스토르이고, 밝은 별이 폴릭스라고 합니다.